Les adjectifs de couleur

	bleu(e)		marron
	rouge		violet(te)
	jaune		beige
	vert(e)		brun(e)
	rose		noir(e)
	orange		blanc(he)

Les jours de la semaine

lundi
mardi
mercredi
jeudi
vendredi
samedi
dimanche

Les saisons	Les mois de l'année
l'hiver	janvier
	février
	mars
le printemps	avril
	mai
	juin
l'été	juillet
	août
	septembre
l'automne	octobre
	novembre
	décembre

Nouvelle Édition
En Paroles

Fumiyo ANAN

Emmanuel RIGAUD
Bruno JACTAT

sobi-shuppansha

写 真　F. ANAN

音声について
　本書の音声は次のホームページ (http://www.sobi-shuppansha.com) から下記の方法で聞くことができます。
　本文中，A-00 のような頭出し番号の入った箇所が録音されています
音声ダウンロード　：　HPにある圧縮ファイルをパソコンでダウンロードし、解凍したあと再生できます。
オンライン再生　：　スマートフォンからHPにある頭出し番号をクリックすると音声が再生されますが、
　　　　　　　　　　　ダウンロードはできません。
声の出演　：　エストレリータ・ワッセルマン，ジャン・クロード・ヴェスィエール他

まえがき

　旧「アン・パロール」および「新アン・パロール」はフランス語の検定試験対策にも適した教科書として、幸いこれまで多くの方々に使っていただきました。このたび更に改訂版を出版することになりましたが、今までと同じく、フランス語を始めて学ぶ人を対象とし、コミュニケーションの場で使えるフランス語の習得をめざす教科書です。改訂にあたり、例文等に手を入れるとともに、資料や写真を新しくしました。

　各課の構成はディアログ、発音、文法、表現と語彙、ミニディアログと練習問題からなりますが、その特徴は次の通りです。

1） ディアログは簡単に暗誦できる長さです。文章の内容を理解し、覚える助けになるように、会話の状況に合う絵をつけています。絵を見ながら、声に出して繰り返し練習をしてください。
2） 発音のページに練習問題があります。発音練習ともに、聞き取りテストも試してください。フランス語の綴り字の読み方は規則的ですから、出来るだけ早く規則を覚えてください。
3） 各課の文法項目は、重要事項が重ならないように考えています。動詞の活用は規則性がありますから、繰り返し口頭練習をし、自分のものにしてください。
4） 表現と語彙のページには、各課のテーマに関連した表現や覚えたい単語をまとめました。練習問題にはここで上げた単語を使うようにしています。
5） ミニディアログは習ったことを、色々な状況で理解し、使えるようにするためのものです。聞いて理解できるようになるまで、何度でも音声を聞いてください。また声に出して、発音練習もしてください。教科書の後半には音読用の文章も入れました。
6） 練習問題は2頁あり、基本的な文法問題と共に、聞き取りの力を付ける問題や口頭練習用の問題も多く用意しています。教科書の後半には、文章を書く練習問題も用意しました。

　この教科書はフランス語の検定試験を5級-4級-3級と段階的に受験していく人のことも考えて作られています。後半には書く練習も入れていますので、DELFのA1受験対策にもなります。自分の実力をはかり、ステップアップしていくために、これらの検定試験にも挑戦してほしいと思います。

　この教科書で、学生の皆さんが、何よりも楽しみながら、フランス語の学習をしてくれることを願っています。

阿南　婦美代

目　　次

発　音	文　法	表現と語彙	頁
発　音	1. フランス語のアルファベ　2. リズムをつかむ発音練習 3. つづり字の読み方　4. つづり字記号		2
Leçon 1　Qui est-ce ?			6
・音節 ・母音の数	1. 第1群規則動詞（-er 動詞）の直説法現在 2. 不規則動詞 être, faire の直説法現在 3. 疑問文 4. 名詞の性・数 5. 形容詞の性・数	挨拶 紹介 職業 国籍の形容詞 都市名 数詞1-10	
Leçon 2　Qu'est-ce que c'est ?			14
・複合母音	1. 不規則動詞 avoir, aller, venir の直説法現在 2. 否定文 ne (n') + 動詞 + pas 3. 不定冠詞と定冠詞 4. 指示形容詞 5. 人称代名詞・強勢形	同意と拒否 否定疑問文に答える時 動詞 avoir を使った表現 色の形容詞 家族　果物　国名 数詞11-20	
Leçon 3　Sophie téléphone à Akiko.			22
・鼻母音	1. 不規則動詞 prendre, devoir の直説法現在 2. 前置詞 à, de と定冠詞 le, les の縮約 3. 疑問形容詞 4. 所有形容詞	時間・日時 月名 曜日 場所 数詞21-60	
Leçon 4　Venez manger !			30
・子音字の発音(1)	1. 第2群規則動詞（-ir 動詞）の直説法現在 2. 不規則動詞 dormir, pouvoir, vouloir の直説法現在 3. 命令法	お祝いと挨拶 場所を表す前置詞（句） 住まいと家具 数詞61-	
Leçon 5　Il fait toujours très beau là-bas.			38
・子音字の発音(2)	1. 不規則動詞 attendre, mettre, voir の直説法現在 2. 近接未来・近接過去 3. 非人称動詞	天候 Tout を使った表現 季節 フランスの地方 方位 序数詞	
DOCUMENTS 1 / ENTRAÎNEMENT 1			46

発音	文法	表現と語彙	頁

Leçon 6   Chez l'épicier. ―― 50

- アンシェヌマン
- リエゾン

1. 部分冠詞
2. 中性代名詞 en, y, le
3. 補語人称代名詞

お店で値段・分量を聞く
レストランで
食品・メニュー
台所用品

Leçon 7   Ma première leçon de tennis. ―― 58

- 脱落性の e

1. 過去分詞
2. 直説法複合過去

時間の表現
スポーツ
音楽・劇・映画

Leçon 8   Je me suis cassé le bras ! ―― 66

- 子音の同化作用

1. 代名動詞
2. 形容詞・副詞の比較級と最上級

体の調子を表す表現
病気に関して
体の各部の名称

Leçon 9   Il y avait beaucoup de monde. ―― 74

- リズムグループとアクセント

1. 直説法半過去
2. 複合過去と半過去
3. 強調構文

意見・感想をいう表現
衣服に関して

Leçon 10   Bonnes vacances ! ―― 82

- 平叙文のイントネーション
- 疑問文のイントネーション

1. 直説法単純未来
2. 直説法前未来

旅行でよく使われる表現
空港で
駅で
旅行代理店で

DOCUMENTS 2 / ENTRAÎNEMENT 2 ―― 90

各課の構成

1（左）・2（右）ページ	Dialogue（会話）
3（左）ページ	Prononciation et orthographe（発音とつづり字）
4（右）ページ	Grammaire（文法）
5（左）ページ	Expression（表現）・Vocabulaire（語彙）
6（右）ページ	Mini-dialogues（小会話）
7（左）・8（右）ページ	Exercices（練習問題）

Nouvelle Édition
En Paroles

発音　Prononciation A-02

Ⅰ. フランス語のアルファベ　*Alphabet*

A a	B b	C c	D d	E e	F f	G g
[a]	[be]	[se]	[de]	[ə]	[ɛf]	[ʒe]

H h	I i	J j	K k	L l	M m	N n
[aʃ]	[i]	[ʒi]	[kɑ]	[ɛl]	[ɛm]	[ɛn]

O o	P p	Q q	R r	S s	T t	U u
[o]	[pe]	[ky]	[ɛːʀ]	[ɛs]	[te]	[y]

V v	W w	X x	Y y	Z z
[ve]	[dubləve]	[iks]	[igʀɛk]	[zɛd]

筆記体

A a B b C c D d E e F f G g H h I i J j K k L l M m
N n O o P p Q q R r S s T t U u V v W w X x Y y Z z

1) アルファベは自分の名前をスペルで言うときには必要です．　A-03
   Je m'appelle Nadine, n-a-d-i-n-e.
2) 略号をアルファベで言う場合もあります．よく使われるものなので，意味も覚えておきましょう．

1) T. G. V.　　　　超特急列車（フランス新幹線）
2) S. N. C. F.　　　フランス国有鉄道
3) R. E. R.　　　　首都圏高速交通網
4) P. T. T.　　　　フランス郵政省
5) C. C. P.　　　　郵便振替口座
6) B. D.　　　　　漫画

2. リズムをつかむ発音練習　*Rythme et intonation*　A-04

絵を見ながら音声を聞いて，聞こえたとおり繰り返してみましょう．リズムをまねることに重点をおきましょう．

前のページと同じ絵に文章を加えています．－－は音節の数です．音節の数を聞き取りながら繰り返し文章を覚えてしまいましょう．　A-05

1) 　Bonjour!　　－－　こんにちは．
　　　　　　　　　　　　Salut!　　　　－－　やあ．

2) 　Ça va?　　　－－　元気？

3) 　Merci.　　　 －－　ありがとう．
　　　　　　　　　　　　De rien.　　　－－　どういたしまして．

4) 　Enchanté!　　－－－　はじめまして．

5) 　Pardon!　　　－－　すみません．

6) 　Au revoir!　　－－　さようなら．
　　　　　　　　　　　　À demain!　　－－－　またあした．

7) 　D'accord!　　 －－　オーケーです．

8) 　S'il vous plaît.　－－－　お願いします．

＊音節については8頁で説明します．

3. つづり字の読み方 ― まずこれだけは覚えよう． A-06

1) 発音しない文字がある
   単語の最後の子音字　Salut !　　子音字 h　hôtel　　語末の e　crêpe

2) 単母音字の読みかたは決まっています．

a, à	[a]	ア
é, è	[e] [ɛ]	エ
i, î, y	[i]	イ
o, ô	[o]	オ
u	[y]	ユ

3) 複母音字の読みかた
   つぎの母音字の組み合わせは1つの音で発音されます．組み合わせの数は限られていますので覚えましょう．

ai, ei	[ɛ] [e]	plaît, j'ai, beige
ou	[u]	bonjour
au	[o]	beaucoup
oi	[wa]	revoir, moi
eu, œu	[ø] [œ]	deux, sœur

4) 鼻母音

en, an	[ɑ̃]	Enchanté !
ain, in	[ɛ̃]	À demain ! fin
on	[ɔ̃]	Bonjour ! Pardon !

4. つづり字記号　*Signes ortographiques*　A-07

′	accent aigu	アクサン・テギュ	café
`	accent grave	アクサン・グラーヴ	où
^	accent circonflexe	アクサン・シルコンフレクス	hôtel
¨	tréma	トレマ	Noël
₃	cédille	セディーユ	ça
'	apostrophe	アポストロフ	l'ami
-	trait d'union	トレ・デュニオン	après-midi

Leçon 1 — Qui est-ce?

A-08/09

Bonjour, je m'appelle Pierre Latour.
[bɔ̃-ʒuʀ   ʒə-ma-pɛl   pjɛʀ-la-tuʀ]
Je suis français
[ʒə-sɥi-fʀɑ̃-sɛ]

Pierre

Bonjour, je suis Sophie Cartier.
[bɔ̃-ʒuʀ   ʒə-sɥi   sɔ-fi-kaʀ-tje]
J'étudie à Paris
[ʒe-ty-di-a-pa-ʀi]

Sophie

Salut, ça va ?
[sa-ly   sa-va]
Je m'appelle Stéphane Cartier.
[ʒə-ma-pɛl   ste-fan-kaʀ-tje]
Je suis lycéen.
[ʒə-sɥi-li-se-ɛ̃]

Stéphane

Bonjour, je m'appelle Akiko Nishimura.
[bɔ̃-ʒuʀ   ʒə-ma-pɛl   a-ki-ko ni-ʃi-mu-ʀa]
Je suis japonaise, mais j'habite à Paris.
[ʒə-sɥi-ʒa-pɔ-nɛz   mɛ-ʒa-bi-ta-pa-ʀi]
Je suis étudiante.
[ʒə-sɥi-e-ty-djɑ̃t]

Akiko

Je suis Isabelle Faure.
[ʒə-sɥi-i-za-bɛl-fɔʀ]

Je suis journaliste.
[ʒə-sɥi-ʒuʀ-na-list]

Je suis française.
[ʒə-sɥi-fʀɑ̃-sɛz]

Mais, je parle anglais et allemand.
[mɛ   ʒə-paʀl   ɑ̃-glɛ-e-al-mɑ̃]

Isabelle

Voici Philippe Gautier.
[vwa-si-fi-lip-go-tje]

Il est médecin.
[i-lɛ-med-sɛ̃]

Il est de Marseille.
[i-lɛd-maʀ-sɛj]

Il travaille à Paris.
[il-tʀa-va-ja-pa-ʀi]

Il est célibataire.
[i-lɛ-se-li-ba-tɛʀ]

Philippe

Et voici Madame Claire Martin.
[e vwa-si ma-dam-klɛʀ-maʀ-tɛ̃]

Elle est professeur.
[ɛ-lɛ-pʀɔ-fɛ-sœʀ]

Elle travaille aussi à Paris.
[ɛl-tʀa-vaj-o-si   a-pa-ʀi]

Elle est mariée.
[ɛ-lɛ-ma-ʀje]

Claire Martin

sept **7**

Prononciation et orthographe 1

音節 *Syllabe* A-10

　フランス語のリズムの大切な要素の１つは音節です．各音節は大体等しい強さ，長さで発音されます．１音節には必ず母音が１つあります．つづり字でなく発音された母音です．

　　Philippe [fi-lip] ２音節

音節の種類

1) 母音のみ　　　　　：a [a], ou [u], et [e], haut [o]
2) 子音＋母音　　　　：la [la], tout [tu], beau [bo], bas [bɑ]
3) 母音＋子音　　　　：elle [ɛl], âne [an]
4) 子音＋母音＋子音　：mer [mɛʀ], comme [kɔm]

　1), 2) のように母音で終わっている音節を開音節，3), 4) のように子音で終わっている音節を閉音節といいます．フランス語は開音節の方を好む言葉で，リエゾン・アンシェヌマン等によっても開音節になります．（52頁参照）

　　ex. Il habite à Paris. [i-la-bi-ta-pa-ʀi]

母音の数 *Nombre des voyelles françaises* A-11

　フランス語の母音の数は16あります．発音記号で書くと次の通りです．
[i, e, ɛ, a, ɑ, ɔ, o, u, y, ø, œ, ə, ã, ɛ̃, œ̃, ɔ̃]

＊ [e] / [ɛ], [a] / [ɑ], [ɔ] / [o], [ø] / [œ] のように音色の異なる母音がありますが，はじめは特に気にしないで，日本のエ、ア、オで発音してもかまいません．[ø] / [œ] は少し練習の必要な音です．

練習

1. フランス人の名前を発音してみましょう．また（　）内に音節の数を書きましょう． A-12
　Prononcez les prénoms suivants et répétez après l'enregistrement.

　　　Anne　　　（　）　　　Catherine　（　）
　　　Sylvie　　（　）　　　Florence　　（　）
　　　Cécil　　 （　）　　　Denis　　　 （　）
　　　Hélène　　（　）　　　François　　（　）
　　　Nadine　　（　）　　　Paul　　　　（　）
　　　Nathalie　（　）　　　Frédéric　　（　）
　　　Arnaud　　（　）　　　Christelle　（　）

GRAMMAIRE 1

1. 第 1 群規則動詞（ -er 動詞）の直説法現在　*Présent de l'indicatif des verbes en : -er*　A-13

parler 話す

je parle		nous parlons	
tu parles		vous parlez	
il parle		ils parlent	
elle parle		elles parlent	

étudier 勉強する

j' étudie		nous étudions	
tu étudies		vous étudiez	
il étudie		ils étudient	
elle étudie		elles étudient	

chanter, regarder, téléphoner, nager, commencer, aimer

2. 不規則動詞 être, faire の直説法現在　*Présent de l'indicatif des verbes être / faire*　A-14

être 〜である

je suis		nous sommes	
tu es		vous êtes	
il est		ils sont	
elle est		elles sont	

faire する

je fais		nous faisons	
tu fais		vous faites	
il fait		ils font	
elle fait		elles font	

3. 疑問文　*La forme interrogative*　A-15

1. イントネーション ： Vous parlez français ?
2. Est-ce que (qu') ： Est-ce que vous parlez français ?
3. 倒置形 ： Parlez-vous français ?

4. 名詞の性・数　*Le genre et le nombre du nom*

男性名詞	garçon, étudiant, salarié, infirmier, vendeur
女性名詞	fille, étudiante, salariée, infirmière, vendeuse

* 複数形は一般に単数形の語末に -s を加える．étudiants, étudiantes

5. 形容詞の性・数　*Le genre et le nombre du l'adjectif*

男性・単数	女性・単数	男性・複数	女性・複数
petit	**petite**	**petits**	**petites**

* 形容詞は，そのかかる名詞と性・数の一致をする．un petit garçon, une petite fille
* 形容詞は一般に名詞の後にくる．une voiture rouge
　ただし, petit, grand, bon, joli など，日常よく使われる短い形容詞は名詞の前に置く. une grande voiture

Expressions A-16

挨拶　Les salutations

Bonjour, Mademoiselle.	こんにちは	À ce soir!	じゃ今晩ね.
Bonsoir, Madame.	こんばんは	À bientôt!	また近いうちに.
Enchanté, Monsieur.	はじめまして	Tu vas bien?	元気?
Bonne journée!	よい一日を	Comment allez-vous?	元気ですか?
Bonne soirée!	よい夕べを	Je vais bien, merci.	元気です, ありがとう.

紹介　Les présentationts

Qu'est-ce qu'il fait?	彼の職業は何ですか?	— Il est médecin.	彼は医者です.
Qu'est-ce que vous faites?	ご職業は?	— Je suis professeur.	先生です.
Je suis français.	フランス人です.	— Je suis de Paris.	パリ出身です.

Vocabulaire

職業　Les professions

marchand(e)	商人	employé(e) de bureau	事務員	lycéen(ne)	高校生
agent de police	警察官	serveur(euse)	ウエイター・ウエイトレス	écrivain	作家
professeur	先生	médecin	医者	peintre	画家

国籍の形容詞　Les nationalités

allemand(e)	ドイツ(人)の	hollandais(e)	オランダ(人)の	portugais(e)	ポルトガル(人)の
américain(e)	アメリカ(人)の	japonais(e)	日本(人)の	suisse	スイス(人)の
anglais(e)	イギリス(人)の				
belge	ベルギー(人)の				
chinois(e)	中国(人)の				
espagnol(e)	スペイン(人)の				
français(e)	フランス(人)の				

都市名　Les villes de France

Angers	Montpellier
Bordeaux	Nantes
La Rochelle	Nice
Le Havre	Paris
Le Mans	Royan
Lyon	Toulouse
Marseille	Tour

MINI-DIALOGUES A-17

大学でソフィーはピエールに出会います．

Sophie : Salut, tu vas bien ?
Pierre : Très bien, et toi ?
Sophie : Oui, ça va.
Pierre : Alors, bonne journée !

授業も終わって，またソフィーはピエールに出会います．

Sophie : Au revoir, Pierre.
Pierre : Salut, Sophie !
Sophie : À demain. Bonne soirée !
Pierre : Merci, toi aussi.

数詞　Les nombres 1—10 A-18

1	un	6	six
2	deux	7	sept
3	trois	8	huit
4	quatre	9	neuf
5	cinq	10	dix

2＋5＝7　(Deux plus cinq font sept.)

EXERCICES 1

1. 主語を書き入れ読みなさい．Choisissez le sujet et lisez la phrase.

je, tu, il, elle, nous, vous, ils, elles

1. _____ suis japonais.
2. _____ es français.
3. _____ est étudiante.
4. _____ sommes japonais.
5. _____ êtes professeur.
6. _____ sont étudiants.

2. （　）内の動詞を活用させなさい．Conjuguez les verbes entre parenthèses.

1. Nous (étudier) le français.
2. Je (parler) anglais.
3. Elle (habiter) à Paris.
4. Il (chanter) bien.
5. Vous (travailler) à Tokyo ?
6. Tu (regarder) la télévision.

3. 例に従って、文章を作りなさい．Faites trois phrases selon l'exemple.

exemple : Pierre / étudiant / Paris
a) Voilà Pierre.　b) Il est étudiant.　c) Il habite à Paris.

1. Sophie / étudiante / Paris
2. Isabelle / journaliste / Paris
3. Jacques / peintre / Marseille
4. M. Dupont / employé de bureau / Versailles

4. 絵を見て質問に答えなさい． Répondez à la question selon l'exemple.

| *ex.* Yves Montand chanteur | 1. Audrey Tautou actrice | 2. Picasso peintre | 3. Saint-Exupéry écrivain |

ex. Qui est-ce?　　　　1. Qui est-ce?　　　　1. Qui est-ce?　　　　1. Qui est-ce?
C'est Yves Montand.　　_____　　_____　　_____
Qu'est-ce qu'il fait?　　_____　　_____　　_____
Il est chanteur.　　　　 _____　　_____　　_____

5. 6．7頁のディアログに即して答えなさい． Répondez aux questions sur le dialogue de la leçon.

1. Pierre est français?

2. Sophie est étudiante?

3. Stéphane est étudiant?

4. Philippe travaille à Marseille?

5. Isabelle est journaliste?

6. あなた自身について，つぎの問いにフランス語で答えなさい． Questions sur vous-même.

1. Vous êtes étudiant(e)?　　　　Oui, _____

2. Vous êtes japonais(e)?　　　　Oui (Non), _____

3. Vous parlez anglais?　　　　　Oui (Non), _____

4. Vous habitez à Nagasaki?　　　Oui (Non), _____

5. Vous êtes d'où?　　　　　　　_____

treize **13**

Leçon 2

Qu'est-ce que c'est?

A-19/20

Pierre : **Tu es libre ce soir ?**
[ty-ɛ-libʀə sə-swaʀ]

Sophie : **Oui, pourquoi ?**
[wi puʀ-kwa]

Pierre : **Il y a un film intéressant au cinéma**
[i-lja-œ̃-fil-mɛ̃-te ʀɛ-sɑ̃   o-si-ne-ma
Gaumont.
go-mɔ̃]

Sophie : **Qu'est-ce que c'est ?**
[kɛs-kə-sɛ]

Pierre : **C'est un film français.**
[sɛ̃-tœ̃-film-fʀɑ̃-sɛ]

Sophie : **Qui sont les acteurs ?**
[ki-sɔ̃-le-zak-tœʀ]

Pierre : **Ce sont Mathieu Kassovitz et Audrey**
[sə-sɔ̃ ma-tjø-ka-so-vits-e o-dʀe
Tautou.»
to-tu]

Sophie : **Ah, c'est «Le Fabuleux destin d'Amélie**
[a sɛ lə-fa-by-lø-dɛs-tɛ̃ da-me-li
Poulain» !
pu-lɛ̃]

Pierre : **Alors, tu viens ? J'ai deux tickets.**
[a-lɔʀ ty-vjɛ̃ ʒe-dø-ti-kɛ]

Sophie : **D'accord. À ce soir !**
[da-kɔʀ as-swaʀ]

quinze **15**

Prononciation et orthographe 2

複合母音 [y], [ø], [œ], [ə] A-21

練習の必要な音です．音声をよく聞いて練習しましょう．

u   [y] : tu [ty], étude [e-tyd]
eu [ø] : deux [dø], peu [pø]
    [œ] : heure [œʀ], fleur [flœʀ]
e   [ə] : ne [nə], petit [pə-tit], cela [sə-la]

* 舌の位置は [i] と同じ，唇の形は [u] のように丸めて発音します．
* [ø] の舌の位置は [e] と同じ，唇の形は [o] のように丸めて発音します．
* [œ] の舌の位置は [ɛ] と同じ，唇の形は [ɔ] のように丸めて発音します．
* [ə] は [ø] のように舌先は下の歯の裏についていますが，唇の緊張はありません．力をぬいて発音します．

Tu étudies le français ?
Tu achètes des fleurs ?

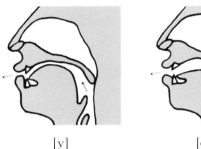

[y]　　[œ]

練習

1. 音声を聞いて下線の母音の発音に注意して，単語を発音してみましょう． A-22

n<u>ou</u>s   b<u>eau</u>   p<u>ou</u>r   vr<u>ai</u>   cad<u>eau</u>   ét<u>u</u>de   f<u>e</u>nêtre   ch<u>au</u>ff<u>eu</u>r

s<u>u</u>d   m<u>u</u>sique   h<u>eu</u>re   s<u>eu</u>l   d<u>eu</u>x y<u>eu</u>x bl<u>eu</u>s   un <u>œu</u>f d<u>u</u>r

2. 聞き取りテスト．該当する欄に×印を入れなさい．Test de discrimination. A-23

	ex.	1	2	3	4	5	6	7	8	9	10
[ɔ]	×										
[œ]											

ex. mort

GRAMMAIRE 2

1. 不規則動詞 avoir, aller, venir の直説法現在 *Présent de l'indicatif des verves avoir / aller / venir*

A-24

avoir 持つ

j'	ai
tu	as
il	a
elle	a
nous	avons
vous	avez
ils	ont
elles	ont

aller 行く

je	vais
tu	vas
il	va
elle	va
nous	allons
vous	allez
ils	vont
elles	vont

venir 来る

je	viens
tu	viens
il	vient
elle	vient
nous	venons
vous	venez
ils	viennent
elles	viennent

2. 否定文 *La forme négative* ne (n') ＋ 動詞 ＋ pas

Il *ne* va *pas* bien.
Je *n'*aime *pas* le poisson.

3. 不定冠詞と定冠詞 *Les articles indéfinis et les articles définis.*

	男性・単数 *m. s.*	女性・単数 *f. s.*	男・女・複数 *m. f. pl.*
不定冠詞	**un**	**une**	**des**
定冠詞	**le (l')**	**la (l')**	**les**

*l'*aéroport
*l'*école
les écoles

C'est *un* chat.　C'est *le* chat de Stéphane.
Ce sont *des* cahiers.　Ce sont *les* cahiers de Pierre.

*直接目的語につく不定冠詞は否定文では **de** になる.
　J'ai une voiture.　→　Je n'ai pas *de* voiture.

4. 指示形容詞 *Les adjectifs démonstratifs*

男性・単数 *m. s.*	女性・単数 *f. s.*	男・女・複数 *m. f. pl.*
ce (cet)	**cette**	**ces**

ce matin
cette nuit
ces jours

5. 人称代名詞・強勢形 *Les pronoms personnels, forme tonique*

| moi | toi | lui | elle | nous | vous | eux | elles |

用法：
1. 主語の強調　　2. C'est の後　　3. 前置詞の後　　4. 比較の que の後 (p.69参照)

dix-sept **17**

Expressions A-25

同意と拒否　L'acceptation et le refus

D'accord　　　　　　いいです
Avec plaisir　　　　　喜んで
Volontiers　　　　　　喜んで
Pourquoi pas　　　　　いいですね
Je regrette, mais...　　残念ですが．．．
Je suis désolé(e).　　　残念です．すみません．

否定疑問に答える時

Vous n'aimez pas les fruits ?　　　果物は好きではないのですか？
— Non, je n'aime pas les fruits.　　ええ，果物は好きではありません．
— Si, j'adore les fruits.　　　　　 いいえ，果物は大好きです．

動詞 avoir を使った表現

Qu'est-ce que vous avez ?　どうしたの？　　　Qu'est-ce qu'il y a ?　どうしたの？
Je n'ai pas soif.　　　　　のどはかわいていません．　Tu as faim ?　　　　お腹すいてる？
Avez-vous sommeil ?　　　眠いのですか？　　　Tu n'as pas chaud ?　暑くない？

Vocabulaire

色の形容詞　Les adjectifs de couleur

rouge　赤い　　　　jaune　黄色い
beige　ベージュ色の　orange　オレンジ色の　rose　ピンクの
mauve　薄紫色の　　bleu(e)　青の　　　　　noir(e)　黒色の　　　vert(e)　緑色の
brun(e)　茶色の　　violet(te)　紫色の　　　blanc(he)　白色の　　marron　茶色の

家族　La famille

père　父,　　mère　母　　enfant　子供　　frère　兄弟　　sœur　姉妹　　　cousin(e)　いとこ
oncle　叔父　tante　叔母　neveu　甥　　　nièce　姪　　grand-père　祖父　grand-mère　祖母

果物　Les fruits

cerise (f.)　サクランボ　　pomme (f.)　リンゴ　　banane (f.)　バナナ　　pêche (f.)　桃
orange (f.)　オレンジ　　　raisin (m.)　ぶどう　　poire (f.)　なし　　　　fraise (f.)　いちご
citron (m.)　レモン　　　　melon (m.)　メロン

国名　Les pays

女性国名：　la France, l'Allemagne, l'Italie, la Chine
男性国名：　le Portugal, le Canada, le Japon
複数国名：　les États-Unis, les Philippines

MINI-DIALOGUES A-26

フィリップは車を買ったばかりです．
クレールにそれを見せます．

Philippe	:	Claire ! J'ai une nouvelle voiture.
Claire	:	Ah oui ? C'est la voiture la-bas ?
Philippe	:	Oui, c'est la voiture rouge.
Claire	:	Ah, elle est belle !
Philippe	:	Tu viens avec moi ?
Claire	:	Avec plaisir !

ステファンは友だちのジャンに猫の写真を見せています．

Stéphane	:	J'ai deux chats : un chat noir et un chat blanc.
Jean	:	Le chat gris est à qui ?
Stéphane	:	C'est le chat de la voisine.
Jean	:	Moi, je n'ai pas de chat. Je n'aime pas les chats.

数詞　Les nombres 11—20 A-27

| 11 onze | 12 douze | 13 treize | 14 quatorze | 15 quinze |
| 16 seize | 17 dix-sept | 18 dix-huit | 19 dix-neuf | 20 vingt |

19－7＝12 (Dix-neuf moins sept font douze.)

EXERCICES 2

1. 動詞 avoir, aller, venir を主語に応じて活用させなさい．
Conjuguez les verves *avoir, aller, venir* au présent.

1. (avoir)   J'_____ 18 ans.
2. (avoir)   Nous _____ chaud.
3. (aller)   Vous _____ bien?
4. (aller)   Je _____ très bien, merci.
5. (venir)   Tu _____ d'Osaka?
6. (venir)   Ils _____ de Paris.

2. 例に従って練習しなさい．Faites des phrases selon l'exemple.

ex. livre / Olivier   chats / Stéphane
   a) C'est un livre.   a) Ce sont des chats.
   b) C'est le livre d'Olivier.   b) Ce sont les chats de Stéphane.

1. voiture / Philippe
2. film / Besson
3. maison / Mme Dubois
4. chien / Pierre
5. lunettes / Mme Durand

3. 音声を聞いて数字を書き入れなさい．Écoutez et écrivez les nombres en chiffres. A-28

( ) ( ) ( ) ( ) ( ) ( ) ( ) ( )
( ) ( )

4. 音声を聞いて数字を書き入れ，日本語に訳しなさい．A-29
Écoutez et écrivez les nombres en chiffres. Traduisez en japonais.

Aujourd'hui, j'ai .... cours à l'université : .... cours d'histoire et .... cours de français. Après les cours, je rentre à la maison avec le bus numéro .... J'arrive chez moi en .... minutes. J'habite .... rue de l'Église.

5. 例に従って，絵を見て質問に答えなさい． Répondez selon l'exemple.

Qu'est-ce que c'est?

ex. livre	1. voiture	2. robe	3. pull	4. lunettes
gros	rapide	belle	chaud	chères

ex. 1. 2. 3. 4.
a) C'est un livre. _____ _____ _____ _____
b) Il est gros. _____ _____ _____ _____
c) Ce livre est gros. _____ _____ _____ _____

6. 14, 15 頁のディアローグに即して答えなさい．
Répondez aux questions sur le dialogue de la leçon.

1. Sophie n'est pas libre ce soir?
2. Qu'est-ce qu'il y a ce soir?
3. Est-ce que le film est intéressant?
4. C'est un film américain?
5. Pierre a combien de tickets?

7. あなた自身について，つぎの問いにフランス語で答えなさい． Questions sur vous-même.

1. Vous avez des frères?   Oui (Non), _____
2. Vous avez une voiture?   Oui (Non), _____
3. Vous aimez les films français?   Oui (Non), _____
4. Vous regardez souvent la télévision?   Oui (Non), _____
5. Qu'est-ce que vous étudiez? _____
6. Le français n'est pas difficile pour vous, n'est-ce pas?
_____

Leçon 3 : Sophie téléphone à Akiko

A-30/31

Sophie : **Allô, Akkô ? C'est Sophie.**
[a-lo a-ki-ko sɛ-sɔ-fi]

Akiko : **Bonjour, Sophie. Ça va ?**
[bɔ̃-ʒuʀ sɔ-fi sa-va]

Sophie : **Oui. Qu'est-ce que tu fais samedi**
[wi kɛs-kə-ty-fɛ sam-di]
prochain ?
pʀɔ-ʃɛ̃]

Akiko : **Je vais à la bibliothèque à treize heures.**
[ʒə-vɛ-a-la-bi-bli-jɔ-tɛk a-tʀɛ-zœʀ]

Je dois travailler pour mon exposé.
[ʒə-dwa-tʀa-va-je puʀ-mɔ̃-nɛks-po-ze]

Sophie : **Après, tu viens chez moi ?**
[a-pʀɛ   ty-vjɛ̃-ʃe-mwa]

C'est l'anniversaire de mon frère.
[sɛ-la-ni-vɛʀ-sɛʀ   də-mɔ̃-fʀɛʀ]

Akiko : **D'accord. À quelle heure ?**
[da-kɔʀ   a-kɛ-lœʀ]

Sophie : **À dix-neuf heures.**
[a-diz-nœ-vœʀ]

On dîne ensemble, avec ma famille.
[ɔ̃-di-nɑ̃-sɑ̃blə   a-vɛk-ma-fa-mij]

Akiko : **Très bien. Alors, à samedi !**
[tʀɛ-bjɛ̃   a-lɔʀ   a-sam-di]

Prononciation et orthographe 3

鼻母音 *Voyelles nasales* : [ã], [ɛ̃], [ɔ̃], [œ̃] (A-32)

an, am, en, em	[ã] :	**an**ge [ãʒ], **lam**pe [lãp], **en**fa**nt** [ã-fã], **tem**ps [tã]
in, im, yn, ym	[ɛ̃] :	**vin** [vɛ̃], **im**pôt [ɛ̃-po], **syn**dicat [sɛ̃-di-ka], **sym**bole [sɛ̃-bɔl]
ain, aim, ein, eim	[ɛ̃] :	p**ain** [pɛ̃], f**aim** [fɛ̃], p**ein**tre [pɛ̃tʀ], R**eim**s [ʀɛ̃s]
on, om	[ɔ̃] :	Jap**on** [ʒa-pɔ̃], c**om**bien [kɔ̃-bjɛ̃]
un, um	[œ̃] :	l**un**di [lœ̃-di], parf**um** [paʀ-fœ̃]

* この4つの鼻母音のうち [œ̃] は現在 [ɛ̃] で発音されているので，実際は3つの鼻母音があると考えてよいでしょう．
* 息を口腔と同時に鼻腔からもぬきます．指を鼻に軽くあてると，震えがつたわりますので，確認して練習しましょう．

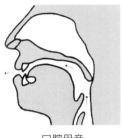
口腔母音

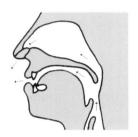
鼻母音

練習

1. 聞き取りテスト．該当する欄に×印を入れてください． Test de discrimination. (A-33)

	ex	1	2	3	4	5	6	7	8	9	10
[ã]											
[ɛ̃]	×										
[ɔ̃]											

ex. vingt

2. つぎの文章を読みなさい． Lisez les phrases suivantes. (A-34)

1. Les Martin vont à Londres.
2. J'ai faim et soif.
3. Il est huit heures vingt.
4. Elle est dans le jardin.
5. Je monte par l'ascenseur.

GRAMMAIRE 3

1. 動詞 prendre, devoir の直説法現在 *Présent de l'indicatif des verves prendre / devoir* (A-35)

prendre 取る

je **prends**	nous **prenons**
tu **prends**	vous **prenez**
il **prend**	ils **prennent**
elle **prend**	elles **prennent**

Je *prends* un café.

devoir ねばならない

je **dois**	nous **devons**
tu **dois**	vous **devez**
il **doit**	ils **doivent**
elle **doit**	elles **doivent**

Je *dois* travailler.

2. 前置詞 à, de + 定冠詞 le, les の縮約 *Les formes contractées : les prépositions à et de + l'article défini*

à + le → au	à + les → aux	de + le → du	de + les → des

Il va *au* bureau.　　　　Il rentre *du* bureau.
Je vais *aux* États-Unis.　　Elles viennent *des* Philippines.

* à + la, à + l', de + la, de + l' はそのまま.
　Elle est *à l'*école.　　Elle a mal *à la* tête.

3. 疑問形容詞 *Les adjectifs interrogatifs*

m. s.	*f. s.*	*m. pl.*	*f. pl.*
quel	**quelle**	**quels**	**quelles**

Quel âge a-t-il?　　　　— Il a dix ans.
Quels fruits aimez-vous?　— J'aime les oranges.

4. 所有形容詞 *Les adjectifs possessifs*

	m. s.	*f. s.*	*m. f. pl.*
1人称（私の）	**mon**	**ma (mon)**	**mes**
2人称（君の）	**ton**	**ta (ton)**	**tes**
3人称（彼の, 彼女の）	**son**	**sa (son)**	**ses**
1人称（私たちの）	**notre**		**nos**
2人称（あなたたちの, あなたの）	**votre**		**vos**
3人称（彼らの, 彼女らの）	**leur**		**leurs**

Mon père a 49 ans.　　*Ma* mère a 45 ans.　　*Mon* école est privée.

Expressions (A-36)

時間・日時　L'heure et la date

— Quelle heure est-il?

| Il est une heure | Il est une heure dix. | Il est cinq heures et quart. | Il est huit heures et demie. | Il est neuf heures moins cinq. |

Vous avez l'heure, s'il vous plaît? — Oui, il est cinq heures.
時計をお持ちですか？　　　　　　　　ええ，5時です．

À quelle heure est-ce que tu déjeunes? — Je déjeune à midi et demi.
何時に昼食を取りますか？　　　　　　　12時半に昼食を取ります．

Quel jour est-ce aujourd'hui? — C'est lundi.
今日は何曜日ですか？　　　　　　　　月曜日です．

Le combien sommes-nous? — Nous sommes le 16 janvier.
(— Quel jour sommes-nous?)　　　　今日は1月16日です．
今日は何日ですか？

Vocabulaire

月名　Les mois de l'année (A-37)

janvier 1月　février 2月　mars 3月　avril 4月　mai 5月　juin 6月
juillet 7月　août 8月　septembre 9月　octobre 10月　novembre 11月　décembre 12月

曜日　Les jours de la semaine (A-38)

lundi　mardi　mercredi　jeudi　vendredi　samedi　dimanche
月曜日　火曜日　水曜日　木曜日　金曜日　土曜日　日曜日

場所　Les lieux

banque (f.) 銀行　　　　　boucherie (f.) 肉屋　　　　boulangerie (f.) パン屋
bureau de tabac (m.) タバコ屋　café (m.) 喫茶店　　　cinéma (m.) 映画館
école (f.) 学校　　　　　épicerie (f.) 食料品店　　hôpital (m.) 病院
lycée (m.) 高校　　　　　magasin (m.) 店　　　　　mairie (f.) 市役所
marché (m.) 市場　　　　musée (m.) 美術館　　　　piscine (f.) プール
poste (f.) 郵便局　　　　restaurant (m.) レストラン　stade (m.) スタジアム
supermarché (m.) スーパーマーケット　　　　　　　théâtre (m.) 劇場
toilettes (f.pl.) トイレ　université (f.) 大学　　usine (f.) 工場

MINI-DIALOGUES A-39

郵便局でイザベルはフィリップに出会います．

Isabelle	:	Bonjour, Philippe. Tu achètes des timbres ?
Philippe	:	Oui, j'envoie ce colis à ma mère pour sa fête.
Isabelle	:	C'est quand ?
Philippe	:	La semaine prochaine.

授業のあと、ピエールとソフィーは喫茶店に行きます。

Pierre	:	Sophie, tu prends un café ?
Sophie		Oh oui, Où est-ce qu'on va ?
Pierre	:	On peut aller au "café de Flore".
Sophie	:	Hum ! Pourquoi pas ! Mais il y a toujours beaucoup de monde.
Pierre	:	C'est vrai ! Eh bien, nous allons au café du coin.

数詞　Les nombres 21—60　A-40

21 vingt et un	30 trente	40 quarante	50 cinquante
22 vingt-deux	31 trente et un	41 quarante et un	60 soixante
27 vingt-sept	38 trente-huit	49 quarante-neuf	

5×6＝30 (Cinq fois six font trente.)

EXERCICES 3

1. 動詞 prendre, devoir を主語に応じて直説法現在形に活用させなさい.
   Conjuguez les verves *prendre, devoir* au présent.

1. (prendre) Tu _____ un café?
2. (prendre) Nous _____ un taxi.
3. (prendre) Je _____ mon petit déjeuner.
4. (devoir)   Il _____ partir tôt.
5. (devoir)   Vous _____ faire vos devoirs.
6. (devoir)   Ils _____ travailler beaucoup.

2. 例に従って文章を作りなさい. Faites des phrases selon l'exemple.

ex. (je) aujourd'hui / aller / cinéma

   Aujourd'hui, je vais au cinéma.

1. (tu)   ce matin / être / maison
2. (il)   à onze heures / aller / université
3. (nous) ce midi / manger / restaurant universitaire
4. (vous) ce soir / aller / théâtre
5. (ils)   à dix-huit heures / faire des courses / supermarché

3. 数字を聞き、数字を書き入れましょう. ⒜-41
   Écoutez et écrivez en chiffres les âges ou les heures entendus.

ex. Quel âge a-t-il?	— Il a (10) ans.	
1. Quel âge as-tu?	— J'ai ( ) ans.	
2. Quel âge a-t-elle?	— Elle a ( ) ans.	
3. Quel âge avez-vous?	— J'ai ( ) ans.	
4. Quel âge a-t-il?	— Il a ( ) ans.	

ex. Quelle heure est-il?   — Il est (7) heures.
5. Quelle heure est-il?   — Il est (   ) heure (   ).
6. Quelle heure est-il?   — Il est (   ) heures.
7. Quelle heure est-il?   — Il est (   ) heures (   ).
8. Quelle heure est-il?   — Il est (   ) heures.

4. 例に従って，絵を見て質問に答えなさい． Répondez selon l'exemple.

Qu'est-ce qu'elle (il) fait ?   Qu'est-ce qu'elles (ils) font ?

ex. — Il regarde la télévision.

ex.  1.

3.  4.  5.

5. 22, 23 頁のディアログに即して答えなさい． Répondez aux questions sur le dialogue de la leçon.

1. Est-ce que Sophie va bien ?
2. Qu'est-ce qu'Akiko fait samedi prochain ?
3. Après la bibliothèque, où est-ce qu'elle va ?
4. Samedi, c'est l'anniversaire de Sophie ?
5. À quelle heures est-ce qu'ils dînent ?

6. あなた自身について，つぎの問いにフランス語で答えなさい． Questions sur vous-même.

1. Quel âge avez-vous ?
2. Après les cours, où est-ce que vous allez ?
3. Vous allez souvent au cinéma ?
4. Vous prenez votre petit-déjeuner à sept heures ?
5. Et ce soir, vous dînez à quelle heure ?
6. Quels fruits aimez-vous ?

Leçon 4

Venez manger!

A-42/43

Stéphane : **Bonjour Akiko, entre!**
[bɔ̃-ʒuʀ-a-ki-ko ɑ̃tʀ]

Akiko : **Bon anniversaire, Stéphane!**
[bɔ̃-na-ni-vɛʀ-sɛʀ ste-fan]
Tiens! C'est pour toi.
[tjɛ̃ sɛ-puʀ-twa]

Stéphane : **Oh, merci beaucoup!**
[o mɛʀ-si-bo-ku]
Je peux ouvrir maintenant?
[ʒə-pø-u-vʀiʀ-mɛ̃t-nɑ̃]

Akiko : **Oui, bien sûr. Ouvre!**
[wi bjɛ̃-syʀ uvʀ]

Stéphane : **Formidable! Regarde, Sophie:**
[fɔʀ-mi-dabl ʀə-gaʀ-də sɔ-fi
une boîte de bonbons.
yn-bwat-də-bɔ̃-bɔ̃]

30 trente

Sophie : **Mm ! Ça a l'air bon !**
[m   sa-a-lɛʀ-bɔ̃]

Stéphane : **Choisissez : un caramel ou**
[ʃwa-zi-se   œ̃-ka-ʀa-mɛl   u
un chocolat !
œ̃-ʃɔ-kɔ-la]

Sophie : **Je veux bien un caramel.**
[ʒə-vø-bjɛ̃   œ̃-ka-ʀa-mɛl]

Akiko : **Pour moi un chocolat. Merci.**
[puʀ-mwa   œ̃-ʃɔ-kɔ-la   mɛʀ-si]

Mme Cartier : **Venez manger !**
[və-ne-mɑ̃-ʒe]
Le repas est prêt.
[lə-ʀə-pa-ɛ-pʀɛ]

Prononciation et orthographe 4

子音字の発音（1）　*Consonnes 1*　A-44

1. つづり字の読み方は規則的なので覚えましょう．

ci, ce	[s]	:	ici [i-si], cela [sə-la], cent [sɑ̃]
ça, ço, çu	[s]	:	ça [sa], leçon [lə-sɔ̃], déçu [de-sy]
ca, co, cu	[k]	:	cabinet [ka-bi-nɛ], comme [kɔm], écu [e-ky]
qu ＋ 母音	[k]	:	quand [kɑ̃], équipe [e-kip]
gi, ge	[ʒ]	:	gitan [ʒi-tɑ̃], village [vi-laʒ], logement [lɔʒ-mɑ̃]
gea, geo, geu	[ʒ]	:	mangeons [mɑ̃-ʒɔ̃]
ga, go, gu	[g]	:	garage [ga-ʀaʒ], gomme [gɔm], déguster [de-gys-te]
gu ＋ 母音	[g]	:	guerre [gɛʀ], guéri [ge-ʀi]
ch	[ʃ]	:	acheter [aʃ-te], chouette [ʃwɛt], chambre [ʃɑ̃bʀ]
th	[t]	:	thé [te], théâtre [te-ɑtʀ]
gn	[ɲ]	:	magnifique [ma-ɲi-fik], campagne [kɑ̃-paɲ]

Guy gagne quatre mille euros.

2. 日本語にない子音 [f, v] の発音の練習をしましょう．　A-45

[f], [v] : 上の歯を下唇に軽くあてて発音する摩擦音です．
英語よりも軽く発音するようにしましょう．

f, ff, ph	[f]	:	café [ka-fe], buffet [by-fɛ], téléphone [te-le-fɔn]
v, w	[v]	:	avoir [av-waʀ], wagon [va-gɔ̃]

Versez le café froid dans le verre.

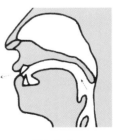

[f], [v]

練習

1. 音声を聞いてつぎの単語を発音しましょう．Écoutez et lisez les mots suivants.　A-46

| théâtre | guitare | chic | gauche | élégant |
| genou | carafe | phrase | ange | léger |

32　*trente-deux*

GRAMMAIRE 4

1. 第2群規則動詞（-ir動詞）の直説法現在　*Présent de l'indicatif des verves en : -ir*　A-47

choisir 選ぶ

je choi**sis**	nous choi**sissons**
tu choi**sis**	vous choi**sissez**
il choi**sit**	ils choi**sissent**
elle choi**sit**	elles choi**sissent**

finir
obéir
réfléchir
remplir
réussir

Elle *choisit* un cadeau d'anniversaire.

2. 不規則動詞 dormir, vouloir, pouvoir の直説法現在　A-48
Présent de l'indicatif des verbes dormir / vouloir / pouvoir

dormir 眠る

je	**dors**
tu	**dors**
il	**dort**
elle	**dort**
nous	**dormons**
vous	**dormez**
ils	**dorment**
elles	**dorment**

vouloir 望む

je	**veux**
tu	**veux**
il	**veut**
elle	**veut**
nous	**voulons**
vous	**voulez**
ils	**veulent**
elles	**veulent**

pouvoir 出来る

je	**peux**
tu	**peux**
il	**peut**
elle	**peut**
nous	**pouvons**
vous	**pouvez**
ils	**peuvent**
elles	**peuvent**

Je *dors* bien.　　　Je *veux* sortir.　　　Elle *peut* partir.

* 同型：partir, sortir

3. 命令法　*L'impératif*　A-49

tu, nous, vous の直説法現在からつくる

tu	finis	→	**finis**		tu	parles	→	**parle**
nous	finissons	→	**finissons**		nous	parlons	→	**parlons**
vous	finissez	→	**finissez**		vous	parlez	→	**parlez**

* -er 動詞, aller, ouvrir, offrir の tu の命令形では s を取る．
　　tu vas → **va**　　tu ouvres → **ouvre**　　tu offres → **offre**

* être, avoir の命令形
　　être : **sois, soyons, soyez**　　avoir : **aie, ayons, ayez**

否定形：Ne parle pas.　　Ne sortons pas.

Expressions (A-50)

お祝いと挨拶　Les souhaits

Bon anniversaire!	誕生日おめでとう！	Bon courage!	がんばって！
Bonne fête!	おめでとう！	Bonne chance!	幸運を！
Bonne année!	新年おめでとう！	Bonnes vacances!	よい休暇を！
Mes félicitations!	おめでとう！	À votre santé!	かんぱい！

Vocabulaire

場所を表す前置詞（句）Les prépositions de lieu

sur	の上に	sous	の下に	dans	の中に
devant	の前に	derrière	の後ろに	entre	の間に
près de	の近くに	à côté de	の側に	de l'autre côté de	の向こう側に
en face de	の向かいに	au fond de	の奥に	au milieu de	の真中に
à gauche de	の左に	à droite de	の右に	au-dessus de	の上に
au-dessous de	の下に				

住まいと家具　Le logement et les meubles

balcon (m.)	バルコニー	bureau (m.)	勉強部屋	cave (f.)	地下室
chambre (f.)	寝室	cuisine (f.)	台所	entrée (f.)	玄関
escalier (m.)	階段				
fenêtre (f.)	窓				
garage (m.)	ガレージ				
grenier (m.)	屋根裏部屋				
mur (m.)	かべ				
pièce (f.)	部屋				
porte (f.)	扉				
salle à manger (f.)	食堂				
salle de bains (f.)	浴室				
salon (m.)	居間				
toilettes (pl.)	トイレ				

armoire (f.)	洋服ダンス	bibliothèque (f.)	本棚	buffet (m.)	戸棚,
bureau (m.)	机	chaise (f.)	椅子	cuisinière (f.)	（天火のついた）レンジ
canapé (m.)	ソファー	étagère (f.)	棚	évier (m.)	流し
fauteuil (m.)	肘掛け椅子	four (m.)	レンジ	frigo (m.)	冷蔵庫
lit (m.)	ベッド	rideau (m.)	カーテン	tabre (f.)	テーブル
table de nuit (f.)	ナイトテーブル			tabouret (m.)	腰掛け

MINI-DIALOGUES A-51

ステファヌと明子はテラスからパリの街を眺めています．

Stéphane	:	Regarde là, à droite, c'est Notre-Dame.
Akiko	:	Où est le musée du Louvre ?
Stéphane	:	C'est en face, de l'autre côté de la Seine.
Akiko	:	Voilà la Tour Eiffel, à gauche.
Stéphane	:	Oui, et derrière, c'est le Palais de Chaillot. Et au fond, tu peux voir l'Arc de Triomphe.

明子はソフィーに日本の彼女の部屋の写真を見せています．

Akiko	:	Devant la fenêtre, c'est mon bureau. Et à droite, il y a les étagères.
Stéphane	:	Mais où est ton lit ?
Akiko	:	Devine !
Sophie		Tu dors sur le canapé ?
Akiko	:	Non. Au Japon, on range le "futon" dans le placard

数詞　Les nombres 61—1.000.000 A-52

61 soixante et un	82 quatre-vingt-deux	100	cent
69 soixante-neuf	90 quatre-vingt-dix	101	cent un
70 soixante-dix	91 quatre-vingt-onze	200	deux cents
71 soixante et onze	92 quatre-vingt-douze	1.000	mille
72 soixante-douze	95 quatre-vingt-quinze	2.000	deux mille
80 quatre-vingts	96 quatre-vingt-seize	10.000	dix mille
81 quatre-vingt-un	97 quatre-vingt-dix-sept	1.000.000	un million

1993 mil(le) neuf cent quatre-vingt-treize / 2006 deux mille six

EXERCICES 4

1. 動詞を直説法現在に活用させて，日本語に訳しましょう．
Conjuguez les verbes au présent et traduisez en japonais.

1. (choisir)   Nous _____ cette chaise.
2. (dormir)   Tu _____ bien?
3. (vouloir)   Il _____ sortir.
4. (vouloir)   _____ -vous répéter les exercices?
5. (pouvoir)   _____ -vous parler lentement?

2. 例に従って動詞を命令法にしなさい．Conjuguez les verbes à l'impératif selon l'exemple.

ex. Voulez-vous aller à la bibliothèque?   Allez à la bibliothèque.
1. Voulez-vous répéter les exercices?   _____
2. Voulez-vous ranger le futon?   _____
3. Voulez-vous aller au cinéma?   _____
4. Voulez-vous chanter une chanson?   _____
5. Voulez-vous parler plus fort?   _____
6. Voulez-vous répondre?   _____
7. Voulez-vous prendre des oranges?   _____
8. Voulez-vous acheter des fruits?   _____

3. 音声を聞いて数字を入れ，文を読みなさい． (A-53)
Écoutez les nombres et écrivez en chiffres et lisez les phrases.

ex. J'ai (2) chats.
1. J'ai (   ) sœurs.
2. Le livre coûte (   ) euros.
3. Elle a (   ) ans.
4. Voilà le bus (   ).
5. Aujourd'hui, j'ai (   ) cours.
6. On dîne à (   ) heures.
7. Un timbre à (   ) yens, s'il vous plaît.
8. Je suis ici depuis (   ).

4. 例に従って，絵を見て質問に答えなさい． Répondez selon l'exemple.

Où est (sont) ... ?

ex. le verre   — Le verre est sur la table.

a. la télévision   d. les clés   g. le tabouret
b. les chats   e. la photo de famille h. Stéphane
c. le journal   f. la plante

5. 30, 31 頁のディアログに即して答えなさい． Répondez aux questions sur le dialogue de la leçon.

1. Pourquoi est-ce qu'Akiko donne un cadeau à Stéphane?
2. Qu'est-ce qu'elle offre à Stéphane?
3. Est-ce que Stéphane est content?
4. Comment sont les bonbons?
5. Qu'est-ce que Sophie et Akiko choisissent?

6. あなた自身について，つぎの問いにフランス語で答えなさい． Questions sur vous-même.

1. Quelle est votre date de naissance?
2. Quel cadeau voulez-vous pour votre anniversaire?
3. Habitez-vous près de l'université?
4. Quels meubles avez-vous dans votre chambre?
5. Dormez-vous dans un lit ou sur un "futon"?
6. Voulez-vous aller en France?

Leçon 5

Il fait toujours très beau là-bas.

A-54/55

Philippe : **Isabelle, tu prends des vacances,**
[i-za-bɛl ty-pʀɑ̃-de-va-kɑ̃s
cet été ?
sɛ-te-te]

Isabelle : **Oui, je vais sans doute visiter Quimper**
[wi ʒə-vɛ-sɑ̃-dut-vi-zi-te kɛ̃-pɛʀ
avec une ami.
a-vɛ-ky-na-mi]
J'attends son coup de téléphone.
[ʒa-tɑ̃-sɔ̃-kud-te-le-fɔn]

Philippe : **Attention, il pleut souvent en Bretagne !**
[a-tɑ̃-sjɔ̃ il-plø-su-vɑ̃ ɑ̃-bʀə-taɲ]

Isabelle : **Pas tous les jours, quand même !**
[pɑ-tu-le-ʒuʀ kɑ̃-mɛm]

Et toi Philippe, quand pars-tu ?
[e-twa-fi-lip kɑ̃-paʀ-ty]

Philippe : **Moi, je reste à Paris.**
[mwa ʒə-ʁɛs-ta-pa-ʁi]
Je dois travailler.
[ʒə-dwa-tʁa-va-je]

Isabelle : **Quel dommage !**
[kɛl-dɔ-maʒ]
Tu n'as pas de vacances ?
[ty-na-pɑd-va-kɑ̃s]

Philippe : **Si, je viens de passer une semaine**
[si ʒə-vjɛ̃d-pa-se yn-sə-mɛn
à Marseille.
a-maʁ-sɛj]

Isabelle : **Ah ! C'est vrai, tu es du Sud !**
[a sɛ-vʁɛ ty-ɛ-dy-syd]

Philippe : **Oui. Il fait toujours très beau là-bas.**
[wi il-fɛ-tu-ʒuʁ tʁɛ-bo-la-bɑ]

trente-neuf **39**

Prononciation et orthographe 5

子音字の発音（2）　*Consonnes 2*　A-56

[l] ：上の歯の裏側に舌先をつけて発音します．[d] や [t] を発音する時の位置ですが，舌先のみ持ち上げます．英語の [l] のように舌先を奥に反らさないので，英語の発音をもちこまないように気をつけましょう．

l , ll　　[l] ： salade [sa-lad], Philippe [fi-lip], plus [ply]

Ils veulent un chocolat.

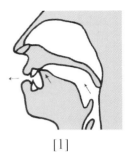
[l]

[ʀ] ：舌の奥のほうを持ち上げてだす摩擦音です．舌先は持ち上げないで，うがいをするときの要領で発音してください．

r , rr　　[ʀ] ： pour [puʀ], dessert [de-sɛʀ], fruit [fʀɥi]
　　　　　　　　grenier [gʀə-nje], merci [mɛʀ-si]
　　　　　　　　Marseille [maʀ-sɛj], arrêt [a-ʀɛ]

Renée adore les fruits.

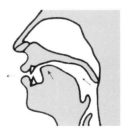
[ʀ]

[ʒ][ʃ] ：この2つの音は日本語にも近い音がありますので，それで代用しない練習が必要です．日本語のジの音は [dʒ] で表される音で，舌が口蓋にあたりますが，[ʒ] は舌が口蓋に触れません．舌を持ち上げるようにして，唇を丸めて前に突き出して発音します．

j　　　　　　　[ʒ] ： j'ai [ʒe], je joue [ʒə-ʒu], jardin [ʒaʀ-dɛ̃]
ge, gi, gin　　[ʒ] ： image [i-maʒ], gilet [ʒi-lɛ]
　　　　　　　　　　　　 gingembre [ʒɛ̃-ʒɑ̃bʀ]
ch, sch, ch　　[ʃ] ： chat [ʃa], schéma [ʃe-ma]
　　　　　　　　　　　　 shampooing [ʃɑ̃-pwɛ̃]

Il fait chaud dans la chambre.

[ʒ], [ʃ]

練習

聞き取りテスト．*Test de discrimination.*　A-57

発音された2つの単語が同じであれば上の欄に，異なれば下の欄に×印を入れなさい．

	ex.	1	2	3	4	5	6	7	8	9	10
=	×										
≠											

　　ex. seul — seul

GRAMMAIRE 5

1. 不規則動詞 attendre, mettre, voir の直説法現在　A-58
Présent de l'indicatif des verbes attendre / mettre / voir

attendre 待つ

j'	**attends**
tu	**attends**
il	**attend**
elle	**attend**
nous	**attendons**
vous	**attendez**
ils	**attendent**
elles	**attendent**

mettre 置く，身につける

je	**mets**
tu	**mets**
il	**met**
elle	**met**
nous	**mettons**
vous	**mettez**
ils	**mettent**
elles	**mettent**

voir 見る

je	**vois**
tu	**vois**
il	**voit**
elle	**voit**
nous	**voyons**
vous	**voyez**
ils	**voient**
elles	**voient**

J'*attends* l'été.　　Je *mets* une chemise.　　On *voit* la mer.

* 同型：vendre, entendre

2. 近接未来・近接過去　*Le futur proche et le passé récent*

近接未来　│ aller の活用 ＋不定法 │　心理的に近い未来のことをあらわす．「すぐにするつもり」のことは，この形で表現する．

Je *vais visiter* la Normandie.

近接過去　│ venir の活用 ＋ de ＋不定法 │　心理的に近い過去のことをあらわす．「〜したばかりである」の意味になる．

Je *viens de visiter* Paris.

3. 非人称動詞　*Les verbrs impersonnels*

1. 非人称動詞としてのみ用いられるもの．
   a) 天候を示す動詞　pleuvoir, neiger, geler, venter
      Il pleut souvent en Bretagne.
   b) Il faut（ねばならない，〜が必要である）
      Il faut travailler.
      Il faut deux heures pour terminer ce travail.

2. 通常の動詞が非人称動詞として用いられる．
   a) Il fait froid (chaud, bon, doux, humide, frais).
   b) Il est minuit. Il est tard.
   c) Il arrive souvent des accidents ici.

Expressions (A-59)

天候　Le temps

Quel temps fait-il en Bretagne ?　Quel temps fait-il dans le sud de la France ?

Il fait mauvais.	Il y a du brouillard.	Il fait beau.
Il pleut.		Il y a du soleil.
Il neige.	Il y a des nuages. 	Il y a des éclaircies.
Il y a du vent.	Il y a de l'orage.	
Il fait froid.	Il fait frais.	Il fait chaud.
J'ai froid. 寒い		J'ai chaud. 暑い

Tout を使った表現

toute la journée	一日中	tous les jours	毎日
toute la semaine	週日毎日	toutes les semaines	毎週
tous les mois	毎月	tous les ans	毎年

Vocabulaire

季節　Les saisons

le printemps	春	au printemps	春に
l'été	夏	en été	夏に
l'automne	秋	en automne	秋に
l'hiver	冬	en hiver	冬に

フランスの地方　Les régions de France

l'Alsace (f.),　la Bretagne,　l'Îls-de-France (f.)
le Limousin,　la Normandie,　la Provence

L'Aquitaine se trouve dans le sud-ouest de la France.

方位　Les points cardinaux

au nord,　au sud,　à l'est,　à l'ouest

L'Espagne se trouve au sud de la France.

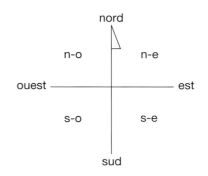

MINI-DIALOGUES A-60

カルティエ夫人は明子に日本の気候について尋ねています．

Mme Cartier	:	Quel temps fait-il au Japon maintenant ?
Akiko	:	Il fait très chaud et il pleut souvent. C'est la saison des pluies.
Mme Cartier	:	Et en hiver, est-ce qu'il neige ?
Akiko	:	Oh oui ! Dans le nord du Japon, il neige beaucoup. Mais dans le sud, il ne fait pas très froid.

イザベルはフィリップにネリーの話をしています．

Isabelle	:	Je viens de voir Nelly aujourd'hui.
Philippe	:	Elle est bientôt en vacances, n'est-ce pas ?
Isabelle	:	Oui. Elle va rentrer la semaine prochaine aux États-Unis. Mais avant, elle va visiter Avignon.
Philippe	:	Très bien ! Il y a le festival en ce moment.

序数詞　Les nombres ordinaux

基数詞＋接尾詞 -ième　（基数詞が e で終わるものは e をはぶく．）

1er	premier (*m.*), première (*f.*)	17^e	dix-septième
2^e	deuxième (*m., f.*)	20^e	vingtième
	second (*m.*), seconde (*f.*)	21^e	vingt et unième
3^e	troisième	25^e	vingt-cinquième
10^e	dixième	100^e	centième

quarante-trois **43**

EXERCICES 5

1. 動詞を直説法現在形に活用させて，日本語に訳しましょう．
Conjuguez les verbes attendre, mettre et voir au présent et traduissez les phrases en japonais.

1. (attendre) Nous _____ le bus depuis 10 minutes.
2. (voir)   Tu _____ la Tour Eiffel ?
3. (mettre) Je _____ cette jupe.
4. (mettre) Vous _____ des lunettes de soleil ?
5. (attendre) Ils _____ leurs amis.

2. 例に従って，近接未来の文を作りなさい．Écrivez les phrases suivantes au futur proche.

ex. Je mange une pomme.   — Je vais manger une pomme.

1. Je pars en vacances.
2. Nous étudions le français.
3. Je passe une semaine à Paris.
4. Elle fait du golf ce Week-end.
5. Il pleut.

3. 例に従って，近接過去の文を作りなさい．Écrivez les phrases suivantes au passé récent.

ex. Je mange une pomme.   — Je viens de manger une pomme.

1. Je mets mon manteau.
2. Je lis le journal.
3. Je vois le directeur ce matin.
4. Je choisis un cadeau.
5. Il neige.

4. 音声を聞いて読みましょう．また日本語にしましょう． A-61
Lisez le texte et traduisez-le en japonais.

Jeudi prochain, c'est le premier juillet. Beaucoup de Francais vont partir en vacances. Ils vont dans le Sud : il fait toujours beau. Ou bien, ils vont en Bretagne : il pleut souvent, mais cette région est très jolie. Moi, je préfère l'Alsace : il fait frais en été.

5. 天気図を見て，質問に答えましょう．
Regardez la carte de France suivante et répondez aux questions.

Quel temps fait-il .... ?

ex. Quel temps fait-il <u>dans le sud de la France</u>?
<u>Dans le sud de la France</u>, il fait beau.

1. en Bretagne?
2. à Paris?
3. en Alsace?
4. dans les Alpes?
5. à Bordeaux?
6. dans le Limousin?

La météo

6. 38, 39 頁のディアログに即して答えなさい． Répondez aux questions sur le dialogue de la leçon.

1. Qu'est-ce qu'Isabelle va faire cet été?
2. Est-ce qu'il fait beau en Bretagne?
3. Est-ce que Philippe va partir en vacances?
4. Où est-ce que Philippe vient de passer ses vacances?
5. Combien de jours vient-il de passer à Marseille?

7. あなた自身について，つぎの問いにフランス語で答えなさい． Questions sur vous-même.

1. Qu'est-ce que vous allez faire cet été?
2. Vous allez étudier le français pendant les vacances?
3. Habitez-vous dans le nord du Japon?
4. Quelle saison préférez-vous?
5. Quel pays voulez-vous visiter?
6. Vous venez à l'université tous les jours?

DOCUMENTS 1

エッフェル塔

エッフェル塔からの眺め

オペラ座

ノートルダム寺院（後方より）

ルーブル美術館

サクレクール寺院

シャンゼリゼ大通りからの凱旋門

ロダン美術館

若者たち(5区)

貸し自転車

幼なじみ

quarante-sept

ENTRAÎNEMENT 1

1. 音声を聞いて文章に合う絵を選び，（　）の中に番号を入れなさい．　A-62
Choisissez l'image qui correspond à l'enregistrement.

2. 音声を聞いて，地図に(A) (B) (C) を書き入れなさい．　A-63
Écoutez l'enregistrement et indiquez sur le plan l'emplacement des endroits A, B et C.

1. Excusez-moi, Monsieur, où se trouve la poste ?　　　　　　(A)
2. Pardon, Mademoiselle, la Banque de France, s'il vous plaît ?　(B)
3. Où est le cinéma Gaumont, s'il vous plaît ?　　　　　　　(C)

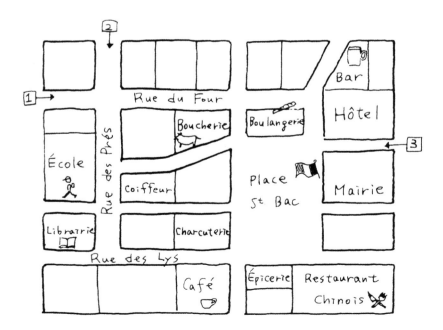

3. マルタン夫人の１日です．音声を聞いて，つぎの文章が内容に合っている場合は○，間違っている場合は×をつけなさい．Vrai (○) ou Faux (×)? [A-64]

1. 今日は土曜日です． （　）
2. マルタン夫人は午前中に買い物をする． （　）
3. マルタン夫人は午後に友人とレストランで昼食をとる． （　）
4. マルタン夫人は友人と美術館に展覧会を見に行く． （　）
5. 彼女は６時にスーパーで買い物をする． （　）

4. 絵を見てディアログを想像しなさい．Imaginez le dialogue.

1. "Temps ensoleillé sur toute la France." _____
2. _____
3. Stéphane, mets toutes les affaires dans la voiture. _____
4. _____
5. On va tourner à droite. _____
6. _____

Leçon 6

Chez l'épicier.

B-01/02

Sophie : Bonjour, Monsieur.
Je voudrais des cerises.

L'épicier : Je vous en mets combien ?

Sophie : Un kilo, s'il vous plaît.

L'épicier : Et avec ça ?

Sophie : Une livre de beurre et un carton de lait.

L'épicier : C'est tout ?

Sophie : Non, attendez. Akiko, tu peux prendre des œufs, s'il te plaît ?

Akiko : Tu en veux combien ?

Sophie : Prends-en une demi-douzaine et un parquet de farine aussi.

Akiko : D'accord, et j'achète de la confiture de fraises.

Sophie : Voilà, tout y est. Ça fait combien ?

L'épicier : Ça fait 23, 50 €.

Prononciation et orthographe 6

アンシェヌマン *Enchaînement* B-03

発音される語末の子音を次にくる語頭の母音と結びつけて発音することをアンシェヌマンと言います．

ex. une‿amie [y-na-mi], une grande‿amie [yn-gʀɑ̃-da-mi]

リエゾン *Liaison* B-04

単独では発音されない語末の子音字を，つぎにくる語頭の母音と一緒に発音することをリエゾンと言います．リエゾンは，1）必ずする場合　2）してはいけない場合　3）してもしなくてもよい場合とがあります．ここでは1）と2）の場合をあげます．

1) 必ずリエゾンする場合：

人称代名詞 ＋ 動詞	nous‿avons
人称代名詞 ＋ en, y	Je vous‿en prie.
限定辞 ＋ 名詞	deux‿ans, les‿amis
前置詞 ＋ 名詞・代名詞	en‿avion, chez‿eux
成句	moins‿en moins

2) リエゾンしてはいけない場合：

主語名詞 ＋ 動詞	Jacques / est
接続詞 et の後	un homme et / une femme
有音の h の前	petit / héros
単数名詞 ＋ 形容詞	un tapis / oriental

練習

音声を聞いて，リエゾンしている箇所に印‿を入れましょう．また繰り返し練習しましょう．Écoutez et indiquez les liaisons par ‿ et répétez les phrases. B-05

1. Comment allez-vous ?

2. Je vous en prie.

3. Il part à Tokyo en avion.

4. J'habite à Nagasaki depuis dix ans.

5. J'arrive à l'université à neuf heures.

6. J'aime de plus en plus cet hôtel.

GRAMMAIRE 6

1. 部分冠詞 *Les articles partitifs*

数えられない物をあらわす名詞（物質名詞，抽象名詞）の前に置かれ，不特定の若干量をあらわす.

m.	**du**	lait, sucre, riz, pain, fromage beurre, café, thé, poisson, vin	courage
	de l'	alcool	amour
f.	**de la**	viande, bière, farine, confiture	patience
	de l'	eau, huile	ambition

* 直接目的語につく部分冠詞は否定文では **de** になる.
Elle a *de la* chance.   Elle n'a pas *de* chance.

2. 中性代名詞 *Les pronoms neutres* **en y le**

1. en :
   1. de＋場所の代わり：Elle vient *du Japon*?   — Oui, elle *en* vient.
   2. 不定冠詞・部分冠詞・分量副詞・数形容詞＋名詞（数詞はのこる）
      Tu achètes *deux pommes*?   — Oui, j'*en* achète deux.
   3. de＋名詞・代名詞・不定詞・節・文
      Tu as besoin *d'enveloppes*?   — Oui, j'*en* ai besoin.

2. y :   à（および à に準ずる前置詞）＋名詞
   1. 場所　　：Vous allez *à Paris*?   — Oui, j'*y* vais cet été.
   2. à＋物：Tu penses *à ton avenir*?   — Oui, j'*y* pense souvent.

3. le： 性・数に関係なく，属詞としての形容詞や名詞，間接目的になる不定法・節などを受ける.
   1. 属詞として　　　　：Tu es *contente*?   — Oui, je *le* suis.
   2. 直接目的語として　：*Elle vient demain.*   — Oui, je *le* sais.

3. 補語人称代名詞 *Les pronoms personnels : objet direct et indirect*

直接目的	**me (m')**	**te (t')**	**le (l')**	**la (l')**	**nous**	**vous**	**les**
間接目的	**me (m')**	**te (t')**	**lui**		**nous**	**vous**	**leur**

* me, te, le, la は母音で始まる動詞の前では m', t', l' になる.
* 補語人称代名詞は動詞の前に置く. Je *l'*aime beaucoup.
* 肯定命令文では動詞の後に置かれ，me, te は moi, toi になる.
   Prends-le.   Passe-*moi* le sel.

Expressions B-06

お店で値段・分量を聞く　Au magasin

C'est combien ?	いくらですか.	— C'est 120 euros.
Ça fait combien ?	いくらになりますか.	— Ça fait 256 euros.
Ça coûte combien ?	いくらですか.	— Ça coûte 1 370 euros.

Combien en voulez-vous ?	いくらお望みですか.	Je voudrais...	...を欲しいのですか.
Et avec ça ?	他には？		
C'est tout ?	これで全部ですか.	Tout y est !	これで全部です.

レストランで　Au restaurant

S'il vous plaît ! (S.V.P. !)	お願いします.
La carte, s'il vous plaît !	メニューをお願いします.
L'addition, s'il vous plaît !	お勘定お願いします.

Vocabulaire

食品　L'alimentation

un kilo de pommes	リンゴ1キロ	un litre d'huile	油1リットル
250 grammes de chocolat	チョコレート250グラム	une livre de beurre	バター500グラム
un paquet de cigarettes	タバコ1箱	un cageot d'oranges	1籠のオレンジ
2 bouteilles de champagne	シャンペン2瓶	3 pots de confiture	ジャム3瓶
une demi-douzaine d'huîtres	牡蠣半ダース		

メニュー　Le menu

hors-d'œuvre (*m.*)	オードブル	plat garni (*m.*)	野菜を添えた肉 (魚) 料理
entrées froides (*f.*)	冷たいアントレ	plat de résistance (*m.*)	主菜, メインデッィシュ
entrées chaudes (*f.*)	温かいアントレ	plat du jour (*m.*)	本日の特別料理

台所用品　Les ustensiles de cuisine

couvert (*m.*)　食卓用具, 複数でそろいのナイフとスプーンとフォーク (couteau, cuillère, fourchette)

assiette (*f.*)	皿	plat (*m.*)	大皿
baguettes (*f.pl.*)	箸	poêle (*f.*)	フライパン
bol (*m.*)	椀	soucoupe (*f.*)	カップ皿
carafe (*f.*)	水差し	tasse (*f.*)	カップ
casserole (*f.*)	鍋	verre (*m.*)	グラス
cocotte-minute (*f.*)	圧力鍋		

MINI-DIALOGUES (B-07)

Les Cartier font un pique-nique

Stéphane : J'ai faim !
Qu'est-ce qu'on mange, maman ?
Mme Cartier : Du jambon et du saucisson.
Stéphane : Chouette, des sandwichs !
Sophie : Passe-moi le pain, s'il te plaît.
M. Cartier : Tiens ! Tu veux aussi de la mayonnaise ?
Sophie : J'en ai, merci !

Sophie et Akiko font des crêpes.

Sophie : Alors, il faut des œufs, du sel, du sucre, du lait et de la farine.
Akiko : Je mélange tout dans ce grand bol ?
Sophie : Oui, et puis tu ajoutes du beurre et un peu de cidre.
Akiko : Du cidre ?
Sophie : Oui, c'est très bon comme ça.
Akiko : Et voilà ! La pâte est prête !

LECTURE (B-08)

Je vais au marché le lundi matin pour y acheter des produits frais. C'est très animé, beaucoup de gens y viennent. Les marchands crient à pleine voix. On y vend de tout : des légumes, des fruits, de la viande, du fromage ... J'achète surtout du poisson. J'en mange souvent, car il est frais et bon marché. En plus, il y en a beaucoup. Alors je peux choisir.

EXERCICES 6

1. ( ) 内に部分冠詞を入れなさい．
Complétez avec les articles partitifs "du", "de la" et "de l' ".

1. Christian mange (   ) pain tous les matins avec (   ) beurre et (   ) confiture. Il prend aussi (   ) chocolat chaud.
2. Je vais acheter (   ) vinaigre et (   ) huile pour faire (   ) vinaigrette. Je prends aussi (   ) moutarde, (   ) sel et (   ) poivre.
3. Donne (   ) eau à la plante. Elle a soif.
4. En France, on boit (   ) vin rouge avec la viande.

2. ( ) 内に適当な中性代名詞を入れなさい．
Complétez avec les pronoms neutres "en", "y" et "le".

1. Tu veux du café ? —Oui, j' (   ) veux.
2. Françoise est dans sa chambre ? —Non, elle n' (   ) est pas.
3. Tu es fatigué ? —Oui, je (   ) suis.
4. Quand allez-vous au théâtre ? —Nous (   ) allons ce soir.
5. Pierre a besoin d'argent. Il n' (   ) a plus.
6. Tu sais que Jean travaille au marché ? —Oui, je (   ) sais. Il (   ) vend des légumes. Il (   ) vend beaucoup.

3. 下線の語を人称代名詞で置き換えなさい．
Remplacez les mots soulignés par un pronom personnel.

1. Elle aime beaucoup <u>les enfants</u>.
2. Christelle téléphone <u>à Jean</u>.
3. Patrice parle <u>à ses parents</u>.
4. Nous allons voir <u>ce film</u>.
5. Il faut mettre <u>ton manteau</u>.
6. Nous attendons <u>le train de 9 heures</u>.

4. 50, 51頁のディアログに即して答えなさい．
Répondez aux questions sur le dialogue de la leçon.

1. Sophie veut combien de cerises ?
2. Sophie a besoin de beaucoup de beurre ?
3. Qu'est-ce qu'elle demande à Akiko de prendre ?
4. Qu'est-ce qu'Akiko et Sophie achètent en plus ?
5. Combien doivent-elles payer en tout ?

5. 今晩の夕食に何を買いますか．6〜8品選んで書きなさい．
Qu'est-ce que vous achetez pour le dîner de ce soir ? Choisissez 6-8 choses.

ex. J'achète des pommes, du beurre, du poisson, de la bière, du fromage et de l'eau minérale.

_____
_____
_____
_____
_____
_____
_____

6. あなた自身について，つぎの問いにフランス語で答えなさい．
Questions sur vous-même.

1. Qu'est-ce que vous prenez au petit déjeuner ?
2. Vous allez au restaurant tous les jours ?
3. Vous payez combien pour un repas au restaurant universitaire ?
4. Vous buvez souvent du vin ?
5. Est-ce que vous mangez toujours avec des baguettes ?
6. Quels plats aimez-vous cuisiner ?

Leçon 7

Ma première leçon de tennis.

B-09/10

Isabelle : Qu'est-ce que tu as fait ce week-end ?

Pierre : J'ai pris ma première leçon de tennis.

Isabelle : Ah bon ! Tu y es allé avec qui ?

Pierre : Avec Sophie. Elle joue très bien.

Isabelle : C'est vrai. Elle a gagné le tournoi du club le mois dernier.

Pierre : Elle m'a rapidement expliqué les règles du jeu.

Isabelle : Tu as compris ?

Pierre : Bien sûr !
Après, nous avons commencé à jouer.

Isabelle : Vous avez joué longtemps ?

Pierre : Pas vraiment. Car j'ai envoyé toutes les balles dans le petit bois à côté.

Isabelle : Vous les avez perdues ?

Pierre : Non, mais nous avons passé beaucoup de temps à les retrouver.

Prononciation et orthographe 7

脱落性の e *« e » caduc* B-11

e は発音されたり，されなかったりしますが，つぎのような規則があります．

1) 文末（リズム段落の最後）の e は発音されない．

   Ell(e) est grand(e). [ɛ-lɛ-gʀɑ̃d]

2) 第一音節にくる場合は，話すスピードとか話し方によって発音しない場合がありますが，発音してはいけないという規則はありません．発音する方が良いでしょう．

   Je reste. [ʒə-ʀɛst] [ʒʀɛst]

3) リズム段落の中では，つぎのような規則があります．

   1) 発音された子音が前にひとつだけの時は発音されない．

   mad(e)moiselle   sam(e)di   la p(e)tite fille   lent(e)ment
   [mad-mwa-zɛl]   [sam-di]   [lap-tit-fij]   [lɑ̃t-mɑ̃]

   2) 子音が前に２つある時は必ず発音される．

   appartement   une petite fille   Qu'est-ce que c'est ?
   [a-par-tə-mɑ̃]   [yn-pə-tit-fij]   [kɛs-kə-sɛ]

* 音声を聞いて練習する際に，文字通りに聞こえない場合は，e が発音されないのが理由の時もあります．e をすべて発音していると音節の数がふえて，リズムが違ってきますから，注意しましょう．

練習

音声を聞いて，発音されない e を / で示しましょう．また繰り返し練習しましょう． B-12
Écoutez et barrez les « e » qui ne sont pas prononcés.

1. Qu'est-ce que c'est ?

2. Elle pense revenir samedi.

3. Je vais faire des crêpes.

4. C'est une bonne idée.

5. Nous achetons un appartement.

GRAMMAIRE 7

1. 過去分詞 *Le paricipe passé*

1. 第1群規則動詞および aller ：-er → **-é**　　manger → **mangé**
2. 第2群規則動詞および partir など：-ir → **-i**　　finir → **fini**
3. その他の不規則動詞の過去分詞 ：個々に覚える必要がある

être → **été**	mettre → **mis**	venir → **venu**
avoir → **eu**	prendre → **pris**	vouloir → **voulu**
faire → **fait**	dire → **dit**	pouvoir → **pu**
ouvrir → **ouvert**	perdre → **perdu**	devoir → **dû**

2. 直説法複合過去 *Le passé composé de l'indicatif*　B-13

助動詞 avoir または être の直説法現在＋過去分詞

commencer 始める

j'	ai	commencé
tu	as	commencé
il	a	commencé
elle	a	commencé
nous	avons	commencé
vous	avez	commencé
ils	ont	commencé
elles	ont	commencé

aller 行く

je	suis	allé(e)
tu	es	allé(e)
il	est	allé
elle	est	allée
nous	sommes	allé(e)s
vous	êtes	allé(e)(s)
ils	sont	allés
elles	sont	allées

他動詞および大部分の自動詞は，助動詞に avoir を用いる．
助動詞 avoir の前に直接目的語がある場合，過去分詞はそれと性・数の一致をする．

　J'ai écrit une lettre hier soir et je l'ai posté*e* ce matin.
　Il nous a accompagné(*e*)*s* à la gare.

ごく一部の自動詞（往来発着の自動詞）は代名動詞（p.69）は助動詞に être を用いる．助動詞が être の場合，過去分詞は主語の性・数に一致する．

aller (**allé**) / venir (**venu**)	entrer (**entré**) / sortir (**sorti**)
partir (**parti**) / arriver (**arrivé**)	monter (**monté**) / descendre (**descendu**)
naître (**né**) / mourir (**mort**)	
rester (**resté**), devenir (**devenu**), tomber (**tombé**), rentrer (**rentré**)	

否定文は助動詞を ne ... pas でかこむ．

　Je *n*'ai *pas* déjeuné.　　Je *ne* suis *pas* allé(e) à Paris.

用法：
　1) 現在までの完了した行為，動作　　J'*ai fini* mes devoirs.
　2) 行為の結果が現在に及んでいるもの　J'*ai vu* le film de Besson.
　3) 過去の経験をあらわす　　　　　　　J'*ai travaillé* à Lyon.

Expressions B-14

時間の表現　Les expressions de durée

Elle est partie, il y a deux heures.　　　彼女は2時間前に出発しました．
Elle est sortie depuis dix minutes.　　　彼女は10分前から出かけています．
Pendant deux ans, j'ai étudié le français en France.
　　　　　　　　　　　　　　　　　　　私は2年間フランスでフランス語を勉強しました．

Vocabulaire

スポーツ　Le sport

J'ai gagné!　勝った！　　J'ai perdu!　負けた！
faire du vélo (du ski, de la natation, de la gymnastique)
　サイクリング（スキー，水泳，体操）をする
jouer au tennis (au football, au volley-ball, au basket-ball)
　テニス（サッカー，バレーボール，バスケットボール）をする

court (*m.*) de tennis　　テニスコート
piscine (*f.*)　　プール
salle (*f.*) de sports　　スポーツ室
stade (*m.*)　　競技場
terrain (*m.*) de football　サッカー競技場

sportif (*m.*)　スポーツマン　　joueur de tennis (*m.*)　テニスの選手
nageur (*m.*)　水泳選手　　cycliste (*m.*)　　自転車競技選手
match (*m.*)　試合　　un(e) champion(ne)　チャンピオン

音楽・劇・映画　La musique, le théâtre, le cinéma

jouer de la guitare (de la flûte, du violon, de la trompette)
　ギター（フルート，バイオリン，トランペット）を演奏する

café-théâtre (*m.*)　カフェテアトル（小劇場を兼ねたカフェ）
concert (*m.*) de musique classique (de rock)　クラシック（ロック）のコンサート
instrument (*m.*)　楽器　　opéra (*m.*)　オペラ　　orchestre (*m.*)　オーケストラ
salle (*f.*) de spectacle (*m.*)　　scène (*f.*)　舞台・場面　　solo (*m.*)　ソロ
jour une pièce de théâtre　劇を演じる　　　　voir un film　映画を見る

matinée (*f.*)　昼の公演　　numéro (*m.*) comique　喜劇　　soirée (*f.*)　夜会・夜の公演
spectacle (*m.*)　（映画・演劇などの）興行

film (m.) documentaire (comique, scientifique, policier)　記録（喜劇，科学，探偵）映画

62　*soixante-deux*

MINI-DIALOGUES B-15

Stéphane et Jean racontent à Mme Cartier leur première soirée à l'Opéra Bastille.

Mme Cartier : Le concert a commencé à quelle heure ?
Stéphane : À 20 heures 30. Nous sommes arrivés juste à temps.
Mme Cartier : Vous avez aimé la musique ?
Stéphane : Oh oui ! J'ai surtout aimé le solo de piano.
Jean : Moi aussi.

Sophie et Akiko passent devant un café-théâtre.

Sophie : Akiko, tu es déjà allée au café-théâtre ?
Akiko Non. Qu'est-ce que c'est, un café-théâtre ?
Sophie : On y boit et on regarde des spectacles. La semaine dernière, j'ai vu un numéro comique.
Akiko : Tu y es allée toute seule ?
Sophie Oui, mais j'ai rencontré des personnes très sympathiques. Nous avons beaucoup ri pendant toute la soirée.

LECTURE B-16

Les musiciens et le acteurs sont partis et les spectateurs aussi ont quitté la salle de l'Opéra. Je suis restée seule dans le noir. Puis les douze coups de minuit ont sonné. Alors, le piano a commencé à jouer du Chopin, tout seul !

Puis une trompette et une guitare sont venues, suivies de tout un orchestre. Ils ont fait un bruit insupportable. C'est devenu infernal. J'ai eu peur.

"Ah ! J'ai encore fait un mauvais rêve !"

soixante-trois **63**

EXERCICES 7

1. 動詞を複合過去にしなさい．Mettez les verbes au passé composé.

1. Pierre (payer) vingt euros ce cadeau.
2. Mes parents (rester) trois semaines à l'hôtel.
3. Nous (regarder) le match de Roland-Garros.
4. Stéphane et Jean (jouer) une pièce de théâtre.
5. L'équipe nationale de football (rentrer) victorieuse à Paris.

2. 動詞を複合過去にしなさい．Mettez les verbes au passé composé.

1. Nous (voir) l'exposition Van Gogh à Amsterdam.
2. Sophie (lire) *le Petit Prince* de Saint Exupéry.
3. L'année dernière, je (avoir) de la chance : je (aller) en France.
4. Hier, Stéphane et Jean (mettre) une cravate pour aller à l'Opéra.
5. L'avion (partir) avec une heure de retard.

3. 下線の語を人称代名詞で置きかえ文章を書き直しなさい．
Réécrivez les phrases en remplaçant les mots soulignés par les pronoms personnels compléments.

ex. : J'ai vu <u>Akiko</u> hier. → Je *l*'ai vue hier.

1. J'ai mangé <u>ce gâteau aux noix</u>.
2. J'ai aidé <u>Anne</u> à faire ses devoirs.
3. Nous avons parlé <u>à la secrétaire</u>.
4. Les enfants ont lavé <u>la voiture</u>.
5. Le joueur a cassé <u>sa raquette de tennis</u>.

4. 今週末ピエールは何をしましたか．58, 59頁のディアログを5〜8行でまとめなさい．
Résumez le dialogue de la leçon en 5 à 8 lignes.

_____
_____
_____
_____
_____
_____
_____
_____

5. 例に従って，絵を見て質問に答えましょう．
Regardez les images suivantes et répondez à la question.

ex.

ex. Pourquoi Jacques est-il en retard ?   → Parce qu'il a raté le bus.

1. Pourquoi Pierre est-il content ?
2. Pourquoi Naoko parle-t-elle bien français ?
3. Pourquoi Hélène pleure-t-elle ?
4. Pourquoi Pierre est-il fatigué ?
5. Pourquoi Denis est-il malade ?

6. あなた自身について，つぎの問いにフランス語で答えなさい． Questions sur vous-même.

1. Hier, vous avez eu un cours de gymnastique ?
2. Quels sports avez-vous pratiqués au lycée ?
3. Vous êtes déjà allé(e) à un concert de musique classique.
4. Vous avez déjà joué d'un instrument dans un orchestre ?
5. Vous avez vu un film français récemment ?
6. Vous avez bien compris le passé composé ?

soixante-cinq **65**

Leçon 8 — Je me suis cassé le bras !

B-17/18

Mme Durand : Tu as eu un accident, Stéphane ?

Stéphane : Oui, je me suis cassé le bras !

Mme Durand : Comment as-tu fait ça ?

Stéphane : Je suis tombé dans l'escalier chez moi.

Mme Durand : Tu es allé chez le médecin ?

Stéphane : Oui, mais il m'a envoyé à l'hôpital.

Mme Durand : Tu as dû y rester longtemps.

Stéphane : Non. Ils m'ont fait un plâtre rapidement.

Mme Durand : Ça te fait mal ?

Pierre : Pas trop. J'ai mal dormi hier soir, mais je me sens mieux aujourd'hui.

Mme Durand : Pour écrire, ça va être difficile.

Pierre : Non, je suis gaucher.

Prononciation et orthographe 8

子音の同化作用 *Assimilation consonantique* B-19

同化作用とは，近隣の音や並列した2つの音の性質が作用しあって変化したり，別の音になったりする現象で，部分的な変化の場合と完全同化の場合があります．言語によって，同化の起こり方が異なりますが，フランス語の場合は後続音に同化する傾向があります．子音の無声化・有声化は一般的なので，理解しておいたほうがよいでしょう．無声化は ○ で有声化は ∨ であらわします．

ex. robe courte [ʀob-kuʀt]，vingt-deux [vɛ̃t-dø] または [vɛ̃d-dø]

médecin [med-sɛ̃]，または [met-sɛ̃]（パリ地方）

Je crois は早く発音されると [ʒkʀwa] のように，[ʒ] も [ʀ] も同化され，無音子音化されます．

mademoiselle [man-mwa-zɛl] のように鼻音化の場合もあります．

音声を注意して聞いているとこれらの現象には気がつくと思います．文字どおり発音しようとすると，リズムがくずれたり，発音しにくい場合があります．音声をよく聞いて練習してみましょう．

練習

音声を聞いて，子音の音の変化のある箇所に ○ または ∨ の印を入れましょう．また繰り返し読んでみましょう．Écoutez et indiquez les phénomènes de l'assimilation par ○ ou ∨ par． B-20

1. J'attends son coup de téléphone.
2. Il n'y a pas de faute.
3. À quelle heure arrive-t-il ?
4. J'achète une robe courte.
5. Elle a vingt-deux ans.
6. Viens tout de suite.
7. Il est médecin.
8. Je n'ai pas de chance.

GRAMMAIRE 8

1. 代名動詞　*Les verbes pronominaux*　B-21

主語と同じ人称の目的補語代名詞を直前にともなう動詞を代名動詞といいます．

lever（他動詞）起こす → se lever　起きる

se lever の直説法現在

je	me	lève
tu	te	lèves
il	se	lève
elle	se	lève
nous	nons	levons
vous	vous	levez
ils	se	lèvent
elles	se	lèvent

直説法複合過去

je	me	suis	levé(e)
tu	t'	es	levé(e)
il	s'	est	levé
elle	s'	est	levée
nous	nons	sommes	levé(e)s
vous	vous	êtes	levé(e)(s)
ils	se	sont	levés
elles	se	sont	levées

se réveiller, se coucher, se casser, se tromper, se brosser, se battre
se jeter, s'habiller, se promener, se blesser, se faire mal, se soigner

複合時制では助動詞はêtreを用いる．再帰代名詞が直接目的補語の場合は，過去分詞は性・数の一致をする．

　Elle s'est réveillée à 6 heures.　　　Elle s'est lavé les mains.

命令文：　Lève-toi vite !　Couchez-vous sur le dos !　Ne nous fâchons pas.

2. 形容詞・副詞の比較級と最上級　*Le comparatif et le superlatif de l'adjectif et de l'adverbe*

比較級：

優等比較級	**Plus**	
同等比較級	**aussi**	＋ 形容詞・副詞 ＋ **que**
劣等比較級	**moins**	

　Je suis *plus* (*aussi*, *moins*) grande *que* toi.

特殊な優等比較級を持つ形容詞・副詞：bon — meilleur,　bien — mieux

最上級：

| **le / la / les** ＋ plus (moins) ＋ 形容詞 ＋ **de** |
| **le** ＋ plus (moins) ＋ 副　詞 ＋ **de** |

　C'est l'accident *le plus* grave *de* l'année.

名詞の比較級：

plus (autant, moins) de 名詞 ＋ que de

　J'ai *plus de* chapeaux *que* de chaussures.

Expressions B-22

体の調子をあらわす表現　L'état physique

C'est grave. Ce n'est pas grave.	重大だ．重大ではない．
Je ne me sens pas bien. Je me sens mal.	調子が良くない．調子が悪い．
Je suis malade.	病気です．
Il a l'air fatigué (épuisé).	彼は疲れているように見える．（疲労困憊）
J'ai pris froid. J'ai attrapé un rhume.	風邪をひいた．
J'ai attrapé la grippe.	インフルエンザにかかった．
J'ai de la fièvre.	熱がある．
Il tousse.	彼はせきをしている．
J'ai mal à la tête (aux dents, au ventre, à la gorge).	頭（歯，お腹，喉）が痛い．
Il est en (pleine) forme.	彼は元気（いっぱい）である．

Vocabulaire

病気に関して　Les soins

aspirine (f.) アスピリン	cabinet (m.) 診察室	clinique (f.) 医院	dentiste 歯科医
hôpital (m.) 病院	malade 病人	médicament (prendre un ...) 薬（をのむ）	
pansement (m.) 包帯	patient(e) 患者	pharmacien(ne) 薬剤師	

L'infirmière prend la température du malade.　看護士が病人の体温を計る．
Le médecin soigne les patients.　医者が患者の治療をする．

体の各部の名称　Les parties du corps

MINI-DIALOGUES (B-23)

Akiko et Nelly déjeunent ensemble.

Akiko : Atchoum!
Tu as un mouchoir en papier, Nelly?
Nelly : Oui, voilà.
Dis donc, tu as un rhume?
Akiko : Oui, je me suis promenée sur les quais hier soir...
Nelly : ... et tu as pris froid!
Akiko : Oui, mais ce n'est pas grave.
J'ai simplement mal à la gorge.

Stéphane et Jean se changent dans les vestiaires.

Stéphane : Je suis en pleine forme maintenant!
Jean : Moi aussi. Ça fait du bien d'aller à la piscine.
Stéphane : Dis donc, tu nages bien mieux que moi!
Jean : Oh, je ne suis pas aussi doué que Sandrine. Elle, c'est la meilleure.
Stéphane : C'est vrai. Elle a été plusieurs fois championne de natation.

LECTURE (B-24)

Ce matin, il est arrivé quelque chose à ma fille de cinq ans. Elle s'est promenée toute seule près de la rivière. Elle a voulu attraper des poissons et s'est approchée trop près de l'eau. Elle a glissé et est tombée. En plus, elle ne sait pas nager! Heureusement, un jeune homme l'a vue et s'est tout de suite jeté à l'eau pour la sauver. Il l'a ramenée à la maison. J'ai remercié le jeune homme et j'ai donné un chocolat chaud à ma fille. Je l'ai couchée et elle s'est endormie tout de suite. J'ai eu plus peur qu'elle!

EXERCICES 8

1. 動詞を複合過去にしなさい． Mettez les verbes au passé composé.

1. Sylvie et Jean (se promener) sur l'Avenue des Champs-Elysées.
2. La vieille dame (se tromper) d'étage. Elle est entrée chez moi !
3. Sandrine (se blesser) au genou.
4. Le soleil (se coucher) derrière les montagnes.
5. Ce matin, nous (se brosser) les dents et nous (se laver) vite.

2. 動詞を複合過去にしなさい． Mettez les verbes au passé composé.

1. Les patients (attendre) longtemps dans le cabinet du médecin.
2. Les deux garçons (se battre) et ils (se faire) mal.
3. Les pompiers (se dépêcher) de secourir le blessé.
4. Hier, tu (s'habiller) légèrement et tu (attraper) froid.
5. Je (prendre) une aspirine. Maintenant je me sens mieux.

3. つぎの比較の表現を使って文を完成させなさい． Utilisez les comparatifs suivants :

plus...que, moins...que, aussi...que, meilleur...que, mieux que

1. Les Français dînent vers huit heures, les Japonais vers six heures.
   Les Français dînent (   ) tard (   ) les Japonais.
2. M. Gelin a eu deux accidents de voiture. Mme Gelin n'a pas eu d'accident.
   Mme Gelin conduit (   ) (   ) son mari.
3. Ma sœur a étudié jusqu'à minuit. J'ai étudié jusqu'à minuit.
   J'ai étudié (   ) tard (   ) elle.
4. La tour Eiffel fait 320 m de haut, la tour de Tokyo, 333 m.
   La tour Eiffel est (   ) haute (   ) la tour de Tokyo.
5. Claire a eu 20 / 20. Patrice a eu 19 / 20.
   Claire a eu une (   ) note (   ) Patrice.

4. 66, 67頁のディアログに即して答えなさい． Répondez aux questions sur le dialogue de la leçon.

1. Qu'est-ce qui est arrivé à Stéphane ?
2. Comment a-t-il fait ça ?
3. Est-ce qu'il n'est pas allé chez le médecin ?
4. Est-ce que ça lui fait mal ?
5. Comment se sent-il aujourd'hui ?

5. 絵に合う文章を選びなさい．Choisissez la phrase qui va avec l'image.

Qu'est-ce que leur est arrivé ?

ex. (a)   1. ( )   2. ( )
3. ( )   4. ( )   5. ( )

a. Elle a attrapé un rhum.
b. Elle a perdu ses lunettes.
c. Il s'est cassé la jambe.
d. Elles se sont battues.
e. Ils ont eu un accident.
f. Il s'est fait mal à la tête.

6. 先週末は何をしましたか．5つ以上の文章を書きなさい．
Qu'avez-vous fait ce week-end ? Faites au minimum cinq phrases.

....
....
....
....
....
....

7. 練習問題 6 の文章を使って，隣の人と会話をしてみましょう．
Posez à votre voisin(e) des questions au sujet des phrases ci-dessus et parlez.

soixante-treize **73**

Leçon 9

Il y avait beaucoup de monde.

B-25/26

Pierre : Sophie, je t'ai appelée hier vers cinq heures.

et tu n'étais pas chez toi.

Sophie : Excuse-moi. Akiko et moi, nous faisions des courses ensemble.

Akiko : Oui, c'était le premier jour des soldes aux Galeries Lafayette.

Sophie : Il y avait beaucoup de monde !

Akiko : Tu sais, les prix étaient formidables !

Pierre : **Alors, qu'est-ce que vous avez acheté ?**

Sophie : **Akiko cherchait une robe pour la soirée de fin d'année.**

Akiko : **J'ai trouvé un joli modèle, mais ce n'était pas ma taille.**

Sophie : **C'est dommage, car la couleur lui allait très bien.**

Pierre : **Tu ne veux pas porter ton kimono ?**

Akiko : **Non, le kimono n'est pas pratique pour danser.**

Prononciation et orthographe 9

リズムグループとアクセント *Groupe rythmique et accent tonique* B-27

1つの意味をあらわし，リズム上ひとまとまりをなしている単位をリズムグループといいます．フランス語は単語単位で発音するのではなく，リズムグループ単位で発音することが意味の正しい伝達上大切です．アクセントは単語にあるのではなく，リズムグループの最終音節にあります．単語が単独で発音された場合は，アクセントは単語の最終音節にきますが，単語がリズムグループの中に入るとアクセントの位置はリズムグループの最終音節に移動します．アクセントのある音節は，他の音節より母音が強く長めにはっきりと発音されます．

音声を聞いてアクセントの位置の変化に注意して繰り返しましょう．

Monsi*eur*	Monsieur Phil*ippe*	Monsieur Philippe Gaut*ier*
un drap*eau*	un drapeau r*ouge*	un drapeau rouge et bl*anc*
un v*ase*	un vase en v*erre*	un vase en verre d'Ital*ie*
Dorm*ez*	Ne dormez p*as*	Ne dormez pas en c*ours*

フランス語では，アクセントはリズムグループの終わりを示します．音声を聞いてリズムグループとアクセントを注意して繰り返しましょう．

Elle a gagné le tournoi.
Elle a gagné le tournoi du club.
Elle a gagné le tournoi du club de l'école.
Elle a gagné le tournoi du club de l'école le mois dernier.

J'ai envoyé toutes les balles dans le petit bois à côté.

練習

音声を聞いて，繰り返してみましょう．*Écoutez et répétez.* B-28

1— 1. Monsieur Dubois.
　　2. Monsieur Dubois a vu l'exposition.
　　3. Monsieur Dubois a vu l'exposition hier.
　　4. Monsieur Dubois a vu l'exposition hier avec ses amis.

2— 1. J'ai entendu la nouvelle.
　　2. Ce matin, j'ai entendu la nouvelle.
　　3. Ce matin, j'ai entendu la nouvelle à la radio.
　　4. Ce matin, au petit-déjeuner, j'ai entendu la nouvelle à la radio.

GRAMMAIRE 9

1. 直説法半過去　*L'imparfait de l'indicatif*　B-29

chercher 探す

je cherch**ais**	nous cherch**ions**
tu cherch**ais**	vous cherch**iez**
il cherch**ait**	ils cherch**aient**
elle cherch**ait**	elles cherch**aient**

avoir 持つ

j' **avais**	nous **avions**
tu **avais**	vous **aviez**
il **avait**	ils **avaient**
elle **avait**	elles **avaient**

活用語尾はすべての動詞に共通：-ais, -ais, -ait, -ions, -iez, -aient
語幹：直説法現在一人称複数から，語尾の -ons をとりのぞいたもの.
　　　　　faire → nous fais*ons* → je fais**ais**　　例外 être → nous *sommes* → j'**étais**

用法：
1. 過去において継続している動作，状態.
   Il *pleuvait* ce jour-là.
2. 過去における習慣.
   Quand j'étais à Paris, j'*allais* souvent au cinéma.
3. si ＋半過去？　提案，誘いをあらわす.
   Si on *allait* au cinéma ?
4. 過去における現在：複文で主節が過去時制の場合，時制の一致で現在は半過去であらわされる.
   Il m'a dit qu'il *était* enrhumé. (Il m'a dit : «Je suis enrhumé».)

2. 複合過去と半過去　*Le passé composé et l'imparfait*

1. J'*écrivais* une lettre quand tu m'*as téléphoné*.
2. J'*attendais* le facteur, je n'*ai* pas *pu* sortir.

複合過去は行為が一時的，またはある出来事を事実として述べるのに対し，半過去は行為の継続した状態，またはその時の状態を描写する時に用いられます.

過去の同じ時点で起こった二つの行為を述べるにしても，複合過去は行為を出来事としてとらえ，半過去はその時の状況を述べます.

3. 強調構文　*La forme d'insistance*

Marie a acheté ce sac à Paris.

1. **C'est ... qui**　主語の強調
   C'est Marie *qui* a acheté ce sac à Paris.
2. **C'est ... que**　主語以外の要素の強調
   C'est ce sac *que* Marie a acheté à Paris.
   C'est à Paris *que* Marie a acheté ce sac.

Expressions B-30

意見・感想をいう表現　Les avis et les impressions

Que penses-tu de ce film ?	この映画をどう思う？
(Qu'en penses-tu ?)	
— Il est très intéressant.	—とてもおもしろい.
Je suis d'accord avec toi.	君の意見に賛成です.
Je ne suis pas d'accord avec toi.	君の意見に賛成ではない. / 君の意見に反対です.
Comment trouves-tu ce manteau ?	このコートどう思う？
— Je le trouve joli.	—きれいだと思う.
Je préfère (j'aime mieux) un manteau léger.	軽いコートのほうが好き.
Cette cravate est bien assortie à cette chemise.	このネクタイはこのシャツによく合っている.

Vocabulaire

衣服に関して　Les habits

blouson (*m.*)	ジャケット	bonnet (*m.*)	縁なし帽	ceinture (*f.*)	ベルト
chemisier (*m.*)	シャツブラウス	écharpe (*f.*)	スカーフ	gants (*m.*)	手袋
jupe (*f.*)	スカート	manches (*f.*) courtes (longues)	半袖（長袖）		
manteau (*m.*)	コート	pull-over (*m.*)	セーター	robe (*f.*)	ドレス
short (*m.*)	ショーツ	tee-shirt (*m.*)	Tシャツ		
une paire de chaussures (*f.*) (de chaussettes (*f.*))	靴（靴下）一足			veste (*f.*)	上着

78　soixante-dix-huit

MINI-DIALOGUES (B-31)

Akiko et Sophie retournent faire des courses.

Sophie	: Dis-moi, Akiko, tu aimes cet ensemble ?
Akiko	: Oh oui ! Il est superbe. Est-ce qu'il existe en vert ?
La vendeuse	: Il y avait trois coloris mais il ne reste que le bleu.
Sophie	: Mais je pense que le bleu te va très bien.
La vendeuse	: Essayez-le ! Je suis sûre qu'il va vous plaire.

Stéphane et Jean sont témoins d'un vol dans une boutique.

Le gendarme	: Vous avez vu le voleur. Comment était-il ?
Stéphane	: Il avait un jean et des chaussures de sport.
Jean	: Son blouson avait l'air usé.
Le gendarme	: Vous avez vu son visage ?
Stéphane	: Non, il portait des lunettes de soleil et un bonnet noir.

LECTURE (B-32)

Il était une fois une jolie petite fille, appelée Christelle. Elle vivait avec sa grand-mère dans une petite maison à la campagne. Tous les soirs, sa grand-mère lui lisait un conte de fées. Christelle rêvait toujours. Elle disait souvent à sa grand-mère : "Je vais me marier avec un prince charmant". Et la grand-mère souriait.

La petite Christelle a grandi depuis. Elle a eu 25 ans. Hier, elle s'est mariée avec un jeune homme gentil et intelligent.

EXERCICES

1. 動詞を半過去にしなさい． Conjuguez les verbes suivants à l'imparfait.
   1. Je (aller) souvent à la piscine l'année dernière.
   2. Anne et Claire (voyager) ensemble quand étaient étudiantes.
   3. Est-ce que tu (porter) un uniforme à l'école ?
   4. Ce professeur (dire) des choses très amusantes, je m'en souviens !
   5. Mon grand-père (mettre) toujours un chapeau.

2. 動詞を半過去か複合過去にしなさい． Conjuguez les verbes suivants à l'imparfait ou au passé composé.
   1. Quand l'accident a eu lieu, il (faire) nuit.
   2. Je (étudier) à Paris de 2001 à 2003.
   3. Quand elle travaillait à Paris, elle (habiter) près de la tour Eiffel.
   4. Quand je (rentrer), le petit chat s'amusait avec une balle.
   5. Quand j'étais petit, je (croire) au père Noël.

3. 例に従って強調構文を用いて文章を書き換えなさい．
   Modifiez les phrases suivantes selon l'exemple.

   ex. Marie (1) a acheté ce sac (2) à Paris.
   　　(1) C'est Marie qui a acheté ce sac à Paris.
   　　(2) C'est ce sac que Marie a acheté à Paris.

   1. Florence a visité Venise l'année dernière.
      　　(1)　　　　(2)
   2. Jean a vu une veste dans ce grand magasin.
      (1)　　　　　　　　(2)
   3. Marc et Franck se sont rencontrés après la fête.
      　　(1)　　　　　　　　　　(2)
   4. Benoît portait ce manteau hier.
      　(1)　　(2)

4. 74, 75頁のディアローグに関する質問を5つ考えて書きなさい．また隣の人に質問しましょう． Écrivez cinq questions sur le dialogue de la leçon et posez-les à votre voisin(e).
   1. ....
   2. ....
   3. ....
   4. ....
   5. ....

5. 例に従って，絵を見て半過去を用いて文章を作りましょう．
Regardez les images suivantes et racontez l'histoire en utilisant l'imparfait.

ex. 5 ans 　1. 10 ans 　2. 15 ans

3. 20 ans 　4. 25 ans 　5. 30 ans

ex. Quand elle avait cinq ans, Annie portait toujours un bonnet.

1. ....
2. ....
3. ....
4. ....
5. ....

6. あなた自身について，つぎの質問にフランス語で答えなさい． Questions sur vous-même.

1. Aimez-vous mettre des jeans ?
2. Quels vêtements portez-vous aujourd'hui ?
3. Quand vous étiez enfant, vous aviez un chat ?
4. Quand vous étiez au lycée, vous voyagiez souvent ?
5. Il y a un an, vous étudiiez le français ?

Bonnes vacances !

B-33/34

Akiko : Ça y est !
J'ai ma réservation pour la Corse !

Sophie : Formidable ! Avec qui pars-tu ?

Akiko : Avec ma sœur.
Elle viendra à Paris dans deux semaines.

Sophie : C'est sympa.
Vous prendrez l'avion ?

Akiko : Non, nous irons d'abord à Marseille en train.
Nous y passerons trois jours, et puis nous irons à Nice.

Sophie : Et après ? Comment irez-vous en Corse ?

Akiko : En bateau, de Nice.
Nous aurons six heures de voyage.

Sophie : Vous y resterez longtemps ?

Akiko : Environ une semaine, dans un village de vacances.
Mais nous visiterons aussi les alentours.

Sophie : Quelle chance ! J'ai tellement envie de partir moi aussi.

Akiko : Alors, viens donc avec nous !

Sophie : Oui, mais il y aura peut-être un problème : j'ai parfois le mal de mer.

Prononciation et orthographe 10

1. 平叙文のイントネーション B-35

リズムグループがひとつの場合は，イントネーションは下降調になりますが，リズムグループが2つ以上ある時，最後のグループをのぞいて上昇調になります．

C'est vrai.   C'est Philippe.   Elle est là-bas.

Je t'ai appelée hier soir vers sept heures, et tu n'étais pas chez toi.

2. 疑問文のイントネーション B-36

会話では平叙文をイントネーションのみで疑問文にします．その場合のイントネーションは文頭は平坦に始まり，最後の音節が上昇します．日本人の発話では，日本語のイントネーションの干渉で，文章の始まりの第1音節と第2音節の間で上昇してしまう傾向がありますので注意しましょう．

C'est grave.   C'est grave ?

Il a eu un accident.   Il a eu un accident ?

Est-ce que で始まる疑問文

Est-ce que を高く発音し，文章は下降調になります．最終音節が心持ち上がる時もあります．

Est-ce qu'il est allé à Kyoto ?   Est-ce qu'il a eu une bonne note ?

練習

次の強調構文の文を，音声を聞いて繰り替えましょう．Écoutez et répétez. B-37

1. C'est le musée du Louvre que je visiterai à Paris.
2. C'est à huit heures que l'avion décollera.
3. C'est un carnet que j'achèterai.
4. C'est toi qui partiras au Japon ?
5. Ce sont Akiko et Sophie qui feront la cuisine.
6. Ce sont eux qui viendront à la maison ?

GRAMMAIRE 10

1. 直説法単純未来　*Le futur simple de l'indicatif*

語尾変化は r ＋avoir の直説法現在の活用で，全ての動詞に共通．　B-38

	visiter 訪れる		prendre		être		avoir
je	visite**rai**	je	prend**rai**	je	se**rai**	j'	au**rai**
tu	visite**ras**	tu	prend**ras**	tu	se**ras**	tu	au**ras**
il	visite**ra**	il	prend**ra**	il	se**ra**	il	au**ra**
elle	visite**ra**	elle	prend**ra**	elle	se**ra**	elle	au**ra**
nous	visite**rons**	nous	prend**rons**	nous	se**rons**	nous	au**rons**
vous	visite**rez**	vous	prend**rez**	vous	se**rez**	vous	au**rez**
ils	visite**ront**	ils	prend**ront**	ils	se**ront**	ils	au**ront**
elles	visite**ront**	elles	prend**ront**	elles	se**ront**	elles	au**ront**

語幹の不規則なもの

faire — je **fe**rai	pouvoir — je **pour**rai	savoir — je **sau**rai
aller — j'**i**rai	vouloir — je **voud**rai	venir — je **viend**rai
voir — je **ver**rai	envoyer — j'**enver**rai	falloir — il **faud**ra

用法：
1. 未来における行為，状態，予定をあらわす．
   Il *fera* beau demain.　　Elle *ira* en France le mois prochain.
2. 2人称で軽い命令をあらわす．
   Tu n'*oublieras* pas de sortir la poubelle.

2. 直説法前未来　*Le futur antérieur de l'indicatif*　B-39

avoir または être の単純未来＋過去分詞

	finir			rentrer 帰る
j'	**aurai** fini	je	**serai**	rentré(e)
tu	**auras** fini	tu	**seras**	rentré(e)
il	**aura** fini	il	**sera**	rentré
elle	**aura** fini	elle	**sera**	rentrée
nous	**aurons** fini	nous	**serons**	rentré(e)s
vous	**aurez** fini	vous	**serez**	rentré(e)(s)
ils	**auront** fini	ils	**seront**	rentrés
elles	**auront** fini	elles	**seront**	rentrées

用法：未来のある時点までに完了しているはずの動作，状態をあらわす．
　　Quand tu rentreras, je *serai* déjà *parti*.
　　Rappelle-moi à huit heures, je *serai rentré*.

Expressions (B-40)

旅行でよく使われる表現　Pour voyager

Je voudrais changer des yens en euros, s'il vous plaît.
　円をユーロに両替したいのですが.
Gardez la monnaie, Monsieur.　おつりは結構です.
Où se trouve le centre d'information touristique ?　旅行案内所はどこにありますか.
Pouvez-vous me conseiller sur les sites intéressants à visiter ?
　面白い見学場所についてのアドバイスをいただけますか.
Y a-t-il des visites guidées de la ville ?　ガイド付きの町の観光ツアーはありますか.
Est-ce que c'est un train direct ?　直通の列車ですか.
Y a-t-il des changements ?　乗り換えがありますか.
Je voudrais une chambre pour une personne avec salle de bain et WC.
　風呂, トイレ付きのシングルの部屋をお願いします.
Voulez-vous remplir cette fiche ?　カードに記入してくださいますか.

Vocabulaire

空港で　À l'aéroport

atterrir 着陸する	bureau (*m.*) de change 両替所	décoller 離陸する
douane (*f.*) 税関	faire escale 寄港する	hôtesse (*f.*) de l'air スチュワーデス
passeport (*m.*) パスポート		porte (*f.*) d'embarquement 搭乗ゲート
visa (*m.*) ビザ	vol (*m.*) 便	

駅で　À la gare

aller-retour (*m.*) 往復	arrivée (*f.*) 到着	composter 切符に日付スタンプを入れる
consigne (*f.*) automatique コインロッカー		côté couloir 通路側
côté (*m.*) fenêtre 窓側	départ (*m.*) 出発	horaire (*m.*) 時刻表
non fumeur 禁煙 (車)	première classe (*f.*) 1等 (車)	
quai (*m.*) フォーム	seconde classe (*f.*) 2等 (車)	
TGV (*f.*) (Train à Grande Vitesse) 超特急列車		voiture (*f.*) 客車
wagon-restaurant (*m.*) 食堂車		

旅行代理店で　À l'agence de voyage

assurance (*f.*) 保険	catalogue (*m.*) de voyages 旅行案内書
catégorie de l'hôtel ホテルの階級 ： ★, ★★, ★★★ une (deux, trois) étoile(s) 1つ (2つ, 3つ) 星	
club (*m.*) de vacances ヴァカンスクラブ	confirmation (*f.*) 確認
demi-pension (*f.*) 昼食または夕食付きの宿泊	demi-tarif (*m.*) 半額
destination (*f.*) 行き先	guide (*m.*) touristique 観光案内
pension complète 3食付きの宿泊	prix (*m.*) 値段
réduction (*f.*) 割引	réservation (*f.*) 予約
tarif (*m.*) 料金	verser un acompte 申込金を払う
voyage (*m.*) touristique (organisé, d'affaires) 観光 (団体, 業務) 旅行	

MINI-DIALOGUES B-41

Avant de retourner dans le Midi, Philippe téléphone à ses parents.

Philippe	:	Je prendrai le train dimanche soir.
Mme Gauthier	:	Tu arriveras à quelle heure ?
Philippe	:	Je ne sais pas encore. Je te téléphonerai de la gare.
Mme Gauthier	:	Je ne serai pas à la maison. Mais ton père ira te chercher en voiture.

Sophie et Akiko se reposent dans le jardin du Luxembourg.

Sophie	:	Que feras-tu quand tu auras fini tes études en France ?
Akiko	:	Je rentrerai au Japon et je chercherai un travail.
Sophie	:	Quel genre de travail ?
Akiko	:	Guide pour les touristes français.
Sophie	:	Ah, mais alors, j'irai au Japon et tu me montreras ton pays.
Akiko	:	Bien sûr, je serai ton guide personnel !

LECTURE B-42

Chère Tomoko,

 Les vacances approchent. Tu seras bientôt en France !
Comme tu me l'as demandé, j'ai fait la réservation de train pour notre voyage à Grenoble. Nous prendrons le TGV de 9 heures pour Lyon ; nous visiterons la ville dans l'après-midi et partirons pour Grenoble le soir. Un ami nous y attendra et nous conduira à l'hôtel. Nous n'y resterons que quelques jours avant de descendre dans le Midi. Il y aura moins de monde qu'en été. Nous assisterons au fameux Carnaval de Nice. Mais, nous ne pourrons pas nous baigner !
Quand tu seras arrivée à Paris, nous parlerons de tout cela en détail.
J'attends avec impatience ton arrivée.

 Amitiés, Annie

quatre-vingt-sept **87**

EXERCICES 10

1. 未来の文章にしなさい． Mettez les phrases au futur.

1. Je ne voyage jamais en avion tout seul.
2. L'agence de voyages propose de nouvelles destinations dans son catalogue.
3. Le prix des billets de train augmente le mois prochain.
4. Vous achetez un billet de première ou de srconde classe ?
5. L'hôtesse de l'air explique les mesures de sécurité avant le décollage.

2. （　）内の動詞を単純未来形にしなさい． Mettez les verbes au futur simple.

1. En 2020, les avions (faire) Paris-Tokyo en 3 heures et demie ?
2. Il (falloir) étudier beaucoup pour bien parler le français.
3. Mélanie et moi (aller) chercher Louise à l'aéroport demain ce soir.
4. Le TGV (être) en retard à cause de mauvais temps.
5. Dans une semaine mon grand-père (avoir) 95 ans !

3. （　）内の不定法を単純未来形か前未来形にしなさい．
Employez le futur simple ou le futur antérieur.

1. Dès que nous (finir) nos études en France, nous (partir) au Japon.
2. Quand je (lire) ce livre, je vous le (prêter).
3. Ils ne (partir) pas en voyage, tant qu'ils ne (décider) pas leur itinéraire.
4. Tu (pouvoir) regarder la télévision quand tu (ranger) ta chambre.
5. Quand il (se reposer) un peu, il (se sentir) mieux.

4. 82, 83頁のディアローグに関する質問を5つ考えて書きなさい．また隣の人に質問しましょう．Écrivez cinq questions sur le dialogue de la leçon et posez-les à votre voisin(e).

1. ....
2. ....
3. ....
4. ....
5. ....

5. 絵を見て，未来形を使って話をしましょう．
Regardez les images suivantes et racontez l'histoire au futur.

ex. Stéphane et Sophie iront voir leurs grands-parents à la campagne.

1. ....
2. ....
3. ....
4. ....
5. ....

6. フランスへの旅行計画を想像してフランスにいる友人宛に手紙を書いてみましょう．
Imaginez et écrivez votre projet de voyage en France à un(e) ami(e).

....
....
....
....
....
....
....
....

quatre-vingt-neuf **89**

DOCUMENTS 2

パリ市内のトラム(路面電車)

郵便ポスト

地下鉄 (Métro) の駅

パリの巡査

横断歩道の信号（青）

パリ市内　あちこちに行く手段とお店

広告塔とバス停

タクシー乗り場

朝市

青果店

花屋

ワイン用葡萄

町のレストラン

ガレット(そば粉のクレープ)

quatre-vingt-onze **91**

ENTRAÎNEMENT 2

1. 音声を聞いてフランス語の文章に合う絵を選び，（　）の中に番号を入れなさい． B-43
Choisissez l'image qui correspond à l'enregistrement.

2. 音声を聞いて，つぎの文章が内容に合っていれば○，合っていなければ×をいれなさい．
Vrai (○) ou Faux (×)? B-44

1. マキは絵が大好きである．　　　　　　　　　　　（　）
2. 彼女はモンペリエに旅行する．　　　　　　　　　（　）
3. 彼女はオランダ語が話せる．　　　　　　　　　　（　）
4. 彼女はフランソワと一緒に旅行する．　　　　　　（　）
3. フランソワはアムステルダム行きの航空券を買った．（　）

3. サリンドンのノートを見て，下の３つの質問に答えなさい． L'emploi du temps de Sandrine.

Aujourd'hui nous sommes le mardi 22 mars.

1. Qu'est-ce que Sandrine a fait hier ?

2. Et que va-t-elle faire demain ?

3. Et que fera-t-elle ce week-end ?

1. 絵にに合う話を作りなさい. Racontez l'histoire.

1.
2.
3.
4.
5.
6.

1. Jean et Florence se sont habillés pour aller au bal masqué. Ils étaient contents.
2. ....
3. ....
4. ....
5. ....
6. Quand Jean a passé la tête par la vitre, le gendarme a eu très peur.

ヌーヴェル エディション アン・パロール
Nouvelle Édition **En paroles**

著　者 ©

阿南　婦美代
Emmanuel RIGAUD
Bruno JACTAT

著者承認検印廃止

2018年 4月10日　初版発行

定価本体　2,100 円（税別）

発行者　山　崎　雅　昭
印刷所　音 羽 印 刷 株 式 会 社
製本所　有限会社壺屋製本所
発行所　**早 美 出 版 社**
東京都新宿区早稲田町80番地
郵便番号162-0042
TEL. 03(3203) 7251　FAX. 03(3203)7417
振替　東京 00160-3-100140

ISBN978-4-86042-089-5 C3085 ¥2100E
http://www.sobi-shuppansha.com